고양이도
이해하는
니 체

고양이도 이해하는 니체

초판 1쇄 인쇄 | 2023년 11월 02일
초판 1쇄 발행 | 2023년 11월 13일

지은이 | 이채윤
펴낸이 | 최병윤
펴낸곳 | 행복한마음
출판등록 | 제10-2415호 (2002. 7. 10)

주소 | 서울시 마포구 성미산로2길 33, 202호
전화 | (02) 334-9107
팩스 | (02) 334-9108
이메일 | bookmind@naver.com

인쇄 | 하정문화사
출판투자 | 김진환

니체 철학을 관통하는 50가지 키워드

이채윤 지음

고양이도 이해하는

니체

Friedrich
Wilhelm
Nietzsche

행복한 마음

접근하기 쉽지만 가장 난해한 철학자

니체는 20세기를 관통한 철학자입니다. 니체는 1900년에 사망했는데, 19세기를 마감하고 20세기를 여는 시기라는 점에서 상징성이 깊습니다.

지난 100년간 니체는 가장 영향력 있는 철학자였습니다.

21세기에 들어선 지금도, 니체는 젊은이들 사이에서 가장 인기 있는 철학자입니다. 구글 검색 결과를 보면 니체는 마르크스, 프로이트와 더불어 최고의 조회수를 자랑하는 세 거두 중 한 명이지요. 아마존 책방에서도 니체는 단연 베스트 작가입니다. 우리나라 사정도 별반 다르지 않습니다.

책을 좋아하는 젊은이라면 니체의 책을 한 번쯤 들춰보았을 것입니다. 그의 대표작으로 꼽히는 〈차라투스트라는 이렇게 말했다〉는 철학서적임에도 불구하고 서점에서 문학 코너를 차지하고 있는 베스트셀러입니다. 그 책이 지닌 문학적 가치 때문이겠으나 상업적 배려도 한몫한 탓이겠지요. 그만큼 니체는 문학과 철학의 경계를 넘나드는 대중성을 지닌 철학자입니다.

그런데 막상 니체의 책을 펼쳐 든 독자는 어리둥절해집니다. 철학책이라는데 격언집인지 산문시집인지 알 수 없습니다. 니체의 책은 보통의 철학책과는 많이 다릅니다. 칸트나 헤겔처럼 논리정연하지도 않고 질서정연한 이론적 체계도 없습니다. 아리스토텔레스나 데카르트 같은 합리성이나 이성주의도 없습니다. 〈차라투스트라는 이렇게 말했다〉뿐만 아니라 거의 모든 책이 그렇습니다. 한 마디로 니체는 이론 체계를 다룬 책을 한 권도 쓰지 않았습니다.

니체는 체계를 세운 철학자라기보다는 한 사람의 시인, 예언자였습니다.

니체는 자신만의 글쓰기 스타일로 책을 썼습니다. 그는 실제로 보기 드문 스타일리스트였으며 책이 나온 지 100년이 훌쩍 지났으나 오늘날까지도 우리를 사로잡고 놀라게 합니다.

니체는 자기의 정신세계는 매우 넓기 때문에 어떤 체계 하나만을 품을 수는 없다고 자랑했습니다. 니체의 거의 모든 책에는 아포리즘(aphorism: 잠언)과 시적 메타포만이 난무하고 있습니다. 어떤 책은 래퍼(rapper)의 중얼거림처럼 어휘가 풍부하고 다채롭지만 혼미스런 철학적 단상으로 가득합니다.

니체는 서양철학의 주류인 형이상학과 인식론에 대해서는 관심이 없었고, 그의 책에는 과장, 아이러니, 유머, 진지함, 논쟁, 허구 그리고 모순과 불일치로 가득한 단편적인 격언 모음이 가득할 뿐입니다. 니체의 책은 다른 철학책들처럼 어려운 개념이나 복잡한 논리가 없어서 잘 읽힐 것 같지만 전혀 그렇지 않습니다.

칸트의 〈순수이성비판〉 같은 책은 난해하기로 유명합니다. 그런데 철학적 소양이 조금 있는 사람들에게는 오히려 잘 읽히지요. 그것은 저자가 이 책을 왜 썼으며, 어떤 방향을 제시할 것이며, 어떻게 결론을 내릴 것인가를 아주 친절하게 로드맵 해주고 있기 때문입니다. 끈기있게 읽어나가면 맥락을 잡을 수 있습니다.

하지만 니체는 전혀 다릅니다. 책을 시작하자마자 광기 어린 자기 자랑을 늘어놓는가 하면 머나먼 고대 그리스로, 고대 이스라엘로, 고대 로마로 독자를 데리고 갑니다. 니체의 책은 디오니소스, 아폴론을 비롯한 그리스 신화의 세계, 예수를 비롯한 유대 문화에 대한 기본 지식이 장착되어 있어야만 – 문학적 소양, 철학적 소양, 나아가서 신화적 소양, 심리학적 소양을 겸비해야만 읽어 나갈 수 있습니다.

그래서 그의 대표작으로 꼽히는 〈차라투스트라는 이렇게 말했다〉는 많이 팔린 책임에도 불구하고 그 책을 끝까지 독파한 사람은 극히 드문 것입니다. 그런데도 니체의 책은 꾸준히 많이 팔립니다. 사람들이 니체를 제대로 이해하지 못하면서도 니체에게 매료되는 것은 무슨 까닭일까요?

그것이 나에게 한동안 큰 의문이었습니다. 그러다 내린 결론이 '니체의 글이 지닌 독특한 스타일'이었습니다. 독자들은 니체가 던지는 시적 메타포와 아포리즘이 풍기는 향취를 좋아합니다. 니체의 책은 체계적으로 공부를 하지 않더라도 아무 책, 아무 페이지를 펼쳐 읽어도 이해가 쉽고 얻는 것이 많습니다.

이제 처음부터 책을 읽고 정독하는 시대는 지났습니다. 니체는, 머리맡에 두고 아무 페이지나 들춰보고 한 구절만 얻어도 독자를 충만하게 만드는 철학자입니다.

아니, 니체는 철학을 말하고 있지만 철학자가 아니고, 시로 이야기하고 있지만 시인이 아닙니다. 니체는 무당입니다. 그는 주술에 걸린 사람처럼 자기 이야기를 쏟아내고 있고, 세상과 우주에 대해 설파하고 있습니다. 그는 자기 자랑이 심하고, 철학자가 아닌 예언자처럼 글을 써 내려가고 가고 있습니다. 마치 신들린 것처럼.

소설가 최인훈은 〈회색인 灰色人〉이라는 소설에서 "예술이란 원래 신의 뜻을 지니는 무당(巫堂)과 같다."고 했습니다. 흔히 니체는 망치를 든 철학자로 알려져 있지만, 내게 있어서 니체는 예술가이고 무당이었습니다. 영감에 의한 글쓰기를 선보인 니체의 책은 수많은 저자들의 영감의 원천이었습니다. 그것은 관습을 뒤흔들고, 새로운 가치를 도입하는 니체의 호소력에서 비롯되었고, 니체를 20세기를 관통한 철학자로 만들었습니다.

니체를 설명하는 책은 너무도 많습니다. 그 많은 책 속에 쓰윽 한 권의 책을 더 밀어 넣는 저의는 무엇일까요? 나만이 깨우친 니체에 대한 성찰(省察), 나만이 알고 있는 니체의 정수(精髓)라도 있단 말인가요? 아닙니다. 나는 17살부터 니체를 읽어온 오랜 독자이기는 하지만 지금도 나는 니체를 안다고 할 수 없습니다. 니체가 쏟아낸 그 많은, 성경에 버금가는 잠언들의 의미를 누가 제대로 알 수 있을까요?

내가 이 책을 세상에 내놓는 것은 니체의 책을 펴들고 어리둥절, 알쏭달쏭해하는 젊은 독자들을 위해서입니다. 그들이 조금이라도 쉽게 니체에게 접근할 수 있었으면 하는 마음에서입니다. 이 책이, 접근하기 쉽지만 가장 난해한 철학자 니체를 좀 더 가까이서 만날 수 있는 징검다리가 되었으면 하는 바람입니다.

2023년 가을

이채윤

| 차례 |

chapter 1　니체는 어떤 삶을 살았을까요?

-니체의 삶에 대한 짧은 기록

chapter 2 니체는 어떤 사상적 영향을 받았나요?

-다양한 철학, 문학, 과학, 문화 운동의 영향

chapter 3 니체 사상의 키워드 10

-10가지 키워드 요약

chapter 4　니체의 대표작 10

-니체 철학의 방향타

chapter 5

니체가 역사에 남긴 것은 무엇인가요?

-21세기 니체

chapter 1

니체는 어떤 삶을 살았을까요?

프리드리히 빌헬름 니체(1844~1900)는 독일의 철학자이자 문화 비평가, 시인, 언어학자로 서양철학과 현대 지성사에 지대한 영향을 끼친 인물입니다. 그는 지적인 탁월함과 개인적인 고뇌로 점철된 삶을 살았고 도덕, 종교, 인간 조건에 관한 저술로 유명합니다.

니체는 프로이센 작센(독일 작센주에 편입)의 작은 마을 뢰켄에서 루터교 목사 집안에서 태어났습니다. 아버지는 어렸을 때 돌아가셨고 어머니와 누나, 외할머니의 손에 자랐습니다. 니체는 조숙하고 뛰어난 학생이었으며, 24세에 스위스 바젤 대학교의 문헌학 교수가 되었습니다. 쇼펜하우어의 철학과 바그너의 음악에 영향을 받아 도덕, 종교, 예술, 진리, 권력에의 의지 등의 주제에 대해 독창적이고 도발적인 사상을 발전시켰습니다.

바젤 대학교에서 니체는 당시 지배적인 신념에 도전하는 철학적 사상을 발전시키기 시작했습니다. 그는 전통적인 도덕, 특히 기독교의 선과 악 개념을 거부하고 대신에 삶을 긍정하고 자기 극복의 철학을 주장했습니다.

1879년 건강상의 문제로 교수직을 사임하고부터는 집필에 전념했습니다. 평생 동안 니체는 고독하고 파격적인 삶을 살았습니다. 결혼을 하지도, 자녀를 두지도 않았고, 혼자 여행을 자주 다녔습니다. 그는 철학, 도덕, 문화에 관한 수많은 작품을 발표했습니다. 병에 걸렸음에도 불구하고 니체는 계속해서 글을 썼고, 그의 작품은 사후 점점 더 큰 영향력을 발휘했습니다.

그는 1880년대에 〈차라투스트라는 이렇게 말했다〉, 〈선악을 넘어서〉, 〈도덕의 계보학〉 등 가장 유명한 작품들을 발표했습니다. 1889년 정신적 쇠약을 겪은 그는 1900년 사망할 때까지 어머니와 누이의 보살핌을 받았습니다. 그는 55세의 나이에 폐렴과 다발성 뇌졸중으로 사망했습니다.

그의 철학은 20세기와 21세기의 많은 사상과 문화 분야에 깊은 영향을 미쳤습니다. 오늘날 그는 현대의 가장 중요한 철학자 중 한 명으로 널리 알려져 있으며, 그의 사상은 전 세계의 학자들과 사상가들에 의해 계속 연구, 토론되고 있습니다.

니체는 어린 시절을 어떻게 보냈나요?

1844년 10월 15일 프로이센 왕국(현재 독일에 속해 있음)의 작은 마을 뢰켄에서 태어난 프리드리히 니체는 경건한 루터교 가정에서 유년 시절을 보냈습니다. 아버지 칼 루드비히 니체는 루터교 목사였고, 어머니 프란치스카 욀러는 루터교 목사의 딸이었습니다. 니체에게는 엘리자베트라는 여동생과 루드비히 요셉이라는 남동생이 있었습니다.

니체가 겨우 다섯 살이던 1849년, 아버지는 뇌 질환으로 세상을 떠났습니다. 그의 남동생도 다음 해에 사망했습니다. 이러한 비극은 니체의 생애에 큰 영향을 미쳤습니다.

니체의 가족은 나움부르크로 이주하여 어머니와 할머니, 미혼의 고모 두 명 등 다섯 명의 여성으로 구성된 가정에서 니체는 자랐습니다. 니체의 어머니 프란치스카는 니체를 지나칠 정도로 과잉 보호했고, 이로 인해 니체의 청년기에 두 사람 사이는 긴장 관계가 지속되었고, 후에 니체가 종교적 신념을 버리는 결과를 초래했습니다.

니체는 영리한 학생이었으며 14세 때 이미 고대 그리스어, 라틴어

▶니체의 아버지
칼 루드비히 니체(Carl Ludwig Nietzsche)

에 능통했습니다. 어린 시절 니체는 문학, 음악, 철학에 관심이 많았으며 독서와 글쓰기로 시간을 보냈습니다. 또한 그는 뛰어난 피아니스트였으며 평생동안 음악을 작곡했습니다.

니체의 어린 시절은 건강이 좋지 않았던 시기이기도 했습니다. 그는 심한 편두통에 시달렸고, 이는 평생 그를 괴롭혔습니다. 그럼에도 불구하고 니체는 활동적인 아이였고, 야외에서 시간을 보내며 하이킹을 하고 나움부르크 주변의 시골을 탐험하는 것을 즐겼습니다.

전반적으로 니체의 어린 시절은 지적 호기심, 예술적 재능, 신체적 허약함이 결합된 시기였습니다. 이러한 초기 경험은 개인의 창의성과 역경을 극복하기 위한 투쟁의 중요성을 강조하는 그의 후기 철학에 영향을 미쳤습니다.

니체는 김나지움에서 공부를 했다는데
어떤 학교였나요?

슐포르타 김나지움은 독일 작센안할트주의 잘레강 나움부르크 인근의 옛 시토 수도원에 위치해 있습니다. 이 학교는 1543년 수도원 학교로 설립되었고, 학문적 영재를 위한 공립 기숙학교로서 고전 언어, 문학, 신학을 강조하는 엄격한 커리큘럼으로 유명했습니다. 커리큘럼은 특히 신학과 법학에 중점을 두고 학생들이 대학 진학을 준비할 수 있도록 설계되었습니다.

또한, 이 학교는 규율이 매우 엄하고 철저하기로 유명했는데, 학생들은 엄격한 일정을 따르고 복장 및 행동에 관한 엄격한 규칙을 준수해야 했습니다. 학생들은 고도로 자제력이 있어야 하고, 자신의 학습에 책임을 져야 했습니다. 슐포르타의 엄격한 학업 프로그램과 규율 환경은 니체의 지적, 철학적 발전을 형성하는 데 중요한 역할을 한 것으로 여겨집니다.

니체는 1858년부터 1864년까지 이곳에서 그리스어, 라틴어, 히브리어, 프랑스어, 독일어는 물론 역사, 수학, 자연과학 등 다양한 과목을 공부했습니다.

▶학창 시절의 니체, 1861

　그는 고대 그리스 로마 연구에 뛰어났으며, 시를 쓰고 음악을 작곡했습니다. 니체는 헌신적이고 부지런한 학생으로 유명했으며, 슐포르타에서의 학업은 그의 지적 발달과 철학자 및 문헌학자로서의 장래 경력을 위한 토대가 되는 데 크게 기여했습니다.

　또한, 폴 도이센, 칼 폰 게르스도르프, 에르빈 로데와도 친구가 되었습니다.

니체는 대학을 두 군데나 다녔다는데 왜 그랬나요?

1864년 니체는 루터교 목사였던 아버지와 할아버지의 뒤를 이어 목사가 되기 위해 본 대학에서 신학과 고전 문헌학을 전공하며 학업을 시작했습니다. 그러나 그는 곧 신학에 환멸을 느끼고 기독교에 대한 믿음을 잃고 고대 문헌과 언어를 연구하는 문헌학에 더 관심을 갖게 됩니다.

1865년, 본에서 두 학기를 보낸 후 니체는 라이프치히 대학으로 편입하기로 결정했습니다. 이 결정에는 최근 본에서 라이프치히로 자리를 옮긴 스승인 프리드리히 빌헬름 리츨에 대한 존경심이 큰 영향을 미쳤습니다. 니체는 저명한 문헌학자 리츨을 지적 스승으로 여겼기 때문에 그의 지도 아래 공부를 계속했습니다.

라이프치히에서 니체는 보다 지적으로 자극적인 환경을 발견하고 고대 그리스 문학과 철학에 대한 열정을 키웠습니다. 리츨은 니체의 재능을 알아보고 그의 멘토가 되어 학계에서 경력을 쌓을 수 있도록 격려했습니다.

니체의 라이프치히 시절은 그의 지적 성장에 전환점이 되었습니

▶대학생 니체

다. 그는 그리스 문학과 문화 연구에 깊은 관심을 갖게 되었고, 훗날 그의 철학 작업에 도움이 되는 비판적 분석 기술을 개발하기 시작했습니다.

특히 그리스 비극가들, 특히 아이스킬로스와 소포클레스의 작품에 대한 그의 연구는 훗날 인간 존재의 본질과 사회에서 예술의 역할에 대한 그의 사상에 큰 영향을 미칩니다. 라이프치히 대학에서 평생 우정을 나눈 에르빈 로데와 친구가 되었습니다.

니체는 24세에 대학교수가 되었다면서요?

니체는 스승인 프리드리히 빌헬름 리츨 교수의 추천으로 1869년 24세의 나이로 스위스 바젤 대학교의 고전 문헌학(고대 그리스 로마의 언어, 문학, 문화에 대한 연구) 교수가 되었습니다. 바젤 대학에서 니체는 고대 그리스어와 라틴어 및 문학에 대한 연구인 고전 문헌학, 그리고 로마 시인 루크레티우스의 작품에 대한 강의를 했습니다.

그는 매력적이고 카리스마 넘치는 강사로 유명했지만, 멋쟁이 교수로도 유명했습니다. 그는 옷도 잘 입었고 멋진 콧수염도 기르기 시작했습니다. 그가 열정적으로 강의하는 모습을 보고 학생들은 마치 고대 그리스인이 살아서 걸어다니는 듯한 느낌을 받았다고 합니다.

하지만 니체는 전통 철학과 도덕에 대한 파격적인 사상과 때로는 급진적인 비판으로 인해 다소 논란의 여지가 있는 인물로 여겨지기도 했습니다.

또한, 니체는 텍스트의 의미를 온전히 이해하기 위해서는 텍스트의 문화적, 역사적 맥락을 이해하는 것이 중요하다는 점을 강조하는 자신만의 문헌학 접근법을 개발했습니다.

▶바젤 대학교

　바젤 대학교에서 니체는 예술과 문명에 대한 니체의 관심을 불러일으킨 문화사학자 야콥 부르크하르트, 니체의 평생 친구가 된 신학자 프란츠 오버벡 등 여러 영향력 있는 인물들을 만났습니다.

　바젤 대학 시절 니체는 많은 영향력 있는 사람들을 만났지만, 가장 중요한 우정은 작곡가 리하르트 바그너와 그의 아내 코시마와의 우정이었습니다. 니체는 1868년 바그너를 소개받았고, 니체가 바젤로 이주한 후 두 사람의 우정은 더욱 깊어졌습니다. 두 사람은 서로의 작품에 대한 존경심을 공유하며 예술, 문화, 철학 등의 주제에 대해 지적인 대화를 나누었습니다. 그러나 둘의 관계는 결국 악화되었고, 니체는 훗날 자신의 저서에서 바그너의 사상을 비판하기도 했습니다.

니체는 음악가 바그너를
아버지처럼 생각했다고 하던데요?

니체는 학창 시절부터 바그너의 음악에 감탄했고, 그를 아버지 같은 존재로 여겼습니다. 실제로 바그너는 니체의 아버지와 같은 해에 태어났습니다. 니체는 바그너의 오페라 〈트리스탄과 이졸데〉 공연을 직접 관람하고, 그에게 깊은 영향을 받았습니다. 니체는 1868년 라이프치히에서 바그너를 처음 만났고, 작곡가의 음악과 개성에 즉시 매료되었습니다.

두 사람은 예술, 음악, 철학에 대한 공통된 관심사를 통해 유대감을 형성했으며, 특히 쇼펜하우어 철학에 같이 열광했습니다. 니체는 음악의 힘과 음악이 사회를 변화시킬 수 있는 잠재력에 대한 바그너의 생각에 깊이 공감했습니다.

그 후 니체는 바그너 음악의 열렬한 지지자가 되었고, 1872년에는 바그너의 오페라 〈트리스탄과 이졸데〉를 찬양하는 에세이를 쓰기도 했습니다. 그는 바그너를 전통 음악의 한계를 뛰어넘어 새로운 형식의 음악 드라마를 창조한 위대한 예술가로 여겼습니다.

▶니체(좌)와 바그너(우)

　니체는 바그너와 그의 아내 코지마와도 개인적으로 친밀한 관계로 발전시켰습니다. 두 사람은 수많은 편지를 주고받았으며, 니체는 바이로이트에 있는 바그너 부부의 집을 자주 방문했습니다.

　니체는 1872년 자신의 첫 번째 저서인 〈비극의 탄생(1872)〉을 바그너에게 헌정했습니다. 또한 바그너의 예술과 사상을 찬양하는 에세이도 여러 편 썼습니다. 또한 바그너의 음악과 사상을 홍보하는 데 도움을 주었습니다.

　바그너의 음악에 대한 니체의 열정은 〈비극의 탄생〉과 같은 초기 작품에서 잘 드러나는데, 니체는 바그너를 고대 그리스 비극의 갱신자이자 새로운 문화 재생의 시대를 여는 선구자라고 칭송했습니다. 니체는 바그너의 음악이 현대 세계의 분열을 치유하고 통일성과 전체성을 회복할 수 있다고 믿었습니다.

　그러나 1870년대 중반, 니체는 바그너의 예술적 성향과 정치적 견해에 대해 비판적인 태도를 보이기 시작했습니다. 1876년 바그너의 바이로이트 페스티벌에 니체는 크게 실망했습니다. 대중의 천박함을 좇는 공연은 진부했고, 또한 바그너가 '독일 민족주의 문화'를 옹호하는 것에 대해 니체는 모순을 느꼈습니다.

니체는 바그너의 반유대주의적 견해에 동의하지 않았고, 특히 대중들 사이에서 자신의 명성만 추구하는 바그너의 속물적 근성에 환멸을 느꼈습니다. 이때부터 두 사람의 우정은 멀어지기 시작했습니다.

니체는 후기 작품에서 바그너에 대해 매우 비판적인 태도로 그의 음악과 사상, 개인적 성격을 공격했습니다. 이는 〈바그너의 경우(1888)〉와 〈니체 대 바그너(1888)〉와 같은 책에서 확인할 수 있습니다.

왜 니체는 평생 건강 때문에 고생을 했나요?

니체는 평생 여러 가지 만성적인 질환으로 어려움을 겪었습니다. 편두통, 소화 장애, 시력 저하, 불면증 그리고 만년에는 정신 장애, 치매로 인한 인지기능 저하, 뇌졸중으로 고생했습니다.

니체의 건강 문제의 정확한 원인에 대한 명확한 해답은 없지만 일부 학자들은 유전적 요인, 생활 습관, 신경매독과 같은 감염이 복합적으로 작용했을 가능성이 있다고 추정하고 있습니다. 한 가지 가능성은 니체가 뇌에 영향을 미쳐 정신과적 증상을 유발할 수 있는 신경매독이라는 희귀한 자가면역질환을 앓았다는 것입니다.

이 이론은 니체가 매독에 걸렸다고 믿었다는 니체 자신의 일부 저술에 의해 뒷받침됩니다. 그러나 이 진단을 확인하거나 반박할 결정적인 증거는 아직 없습니다.

최근의 일부 연구에 따르면 뇌종양이나 카다실증후군이라는 유전적 장애가 있었을 가능성이 있다고 합니다.

니체의 건강 문제는 일관성 있는 작업 능력에 영향을 미쳤고, 종종 글쓰기와 강연을 쉬어야 했습니다. 그는 이러한 질병을 반드시 '극복'

하기보다는 최선을 다해 관리했습니다. 그리고 의학적 치료를 받고 다양한 치료법과 약물 시험을 했습니다.

니체는 식단을 바꾸고, 다양한 약물을 복용하고, 기후가 건강에 영향을 미칠 수 있다고 믿었기 때문에 다른 지역으로 이사하는 등 병에 대처하기 위해 노력했지만, 그 어떤 방법도 그다지 효과적이지 않았습니다.

그는 스위스의 실스 마리아나 이탈리아의 제노아에서 살면서 날씨가 자신의 증상을 완화시켜 주기를 바랐습니다. 그러면서 그는 자신의 글쓰기 스타일을 조정하고, 더 짧고 간결한 작품에 집중하면서 건강 문제를 안고 살아가는 법을 배웠습니다.

건강 문제로 어려움을 겪었음에도 불구하고 니체의 철학적 저술은 오늘날까지도 널리 읽히며 영향력을 발휘하고 있습니다. 니체는 평생을 아픈 몸으로 살았으나 그의 철학과 글은 생명력이 넘치고, 환희에 차서 기뻐하고, 춤추고 노래하는 자유롭고 건강한 인간을 그려내고 있습니다. 개인주의, 자아 발견, 전통적 가치에 대한 질문의 중요성에 대한 그의 강조는 여러 세대의 사상가와 독자들에게 공감을 불러일으켰습니다.

니체의 건강 악화는 결국 1889년 정신 쇠약으로 이어졌고, 그 후 그는 생애의 마지막 10년을 어머니와 누이의 보살핌 아래 치매 상태로 보냈습니다.

니체의 별명이 '유럽의 방랑자'라고 하던데 어떤 의미죠?

니체는 일생동안 유럽 전역을 광범위하게 여행한 것으로 유명합니다. 그의 방랑벽은 실제로 그의 개인적, 지적 여정을 특징짓는 요소 중 하나였습니다. 특히 건강 문제로 바젤 대학 교수직을 사임한 후 여행을 많이 다녔다고 합니다. 그는 주로 이탈리아의 지중해 근처에서 겨울을 보냈고, 스위스 실스 마리아에서 여름을 보냈습니다.

또한 프랑스, 독일, 오스트리아 등 여러 나라를 방문했습니다. 그의 여행 중 일부는 철학, 문화, 음악에 대한 관심에서 비롯된 것이었고, 다른 여행은 개인적인 관계나 건강에 적합한 기후를 찾기 위한 것이었습니다.

니체의 가장 유명한 여행 중 하나는 이탈리아로 떠난 여행이었습니다. 이 여행은 그의 삶과 철학에 큰 영향을 미쳤습니다. 이탈리아에 머무는 동안 니체는 이탈리아의 예술, 문화, 역사에서 많은 영감을 받았습니다.

니체의 이탈리아 여행은 그의 개인적인 삶에도 전환점이 되었습니다. 그는 루 살로메라는 젊은 여성과 사랑에 빠졌고, 그녀는 그의 삶

▶실스 마리아의 니체하우스

과 작품에서 중요한 인물이 되었습니다. 니체의 모든 여행을 일일이 언급할 수는 없지만, 주목할 만한 여행은 다음과 같습니다.

스위스 실스 마리아 : 니체는 스위스 알프스의 작은 마을 실스 마리아에서 여러 해 여름을 보내며 〈차라투스트라는 이렇게 말했다〉와 〈선악을 넘어서〉를 비롯한 그의 가장 중요한 작품들을 썼습니다.

니체는 실스 마리아를 자주 방문하며 '정신적 고향'이라고 묘사하는 등 여러 도시에서 생활하고 일하며 시간을 보냈습니다.

이탈리아 소렌토 : 니체는 친구 폴 레, 루 안드레아스 살로메와 함께 소렌토에서 겨울을 보냈습니다. 이 시기는 니체가 리하르트 바그너의 영향으로부터 거리를 두기 시작하면서 니체의 사상을 발전시키는 데 결정적인 시기였습니다.

이탈리아 제노바 : 니체는 제노바에서 몇 달을 보내며 〈차라투스트라

는 이렇게 말했다〉를 썼습니다.

프랑스 니스 : 니체는 니스에서 몇 번의 겨울을 보내며 〈선악을 넘어서〉와 〈도덕의 계보학〉의 일부를 썼습니다.

이탈리아 토리노 : 니체는 1889년 1월 정신적 쇠약을 겪기 전까지 토리노에서 마지막 생산적인 몇 달을 보냈습니다. 이곳에서 그는 〈이 사람을 보라〉와 〈적 그리스도〉를 썼습니다.

이 여행은 니체의 사상을 형성하고 다양한 문화적 영향에 노출시키는 데 중요한 역할을 했습니다. 니체는 1879년 바젤 대학교 교수직 사임 후 3,000프랑밖에 안 되는 연금이 수입의 전부였습니다. 그는 이 돈으로 프랑스, 이탈리아, 스위스 등지를 10년 동안 떠돌았습니다.

극심한 육체적 고통, 직업도 가족도 없는 고독한 방랑 생활 속에서 그의 사상은 깊이를 더해 갔습니다. '유럽의 방랑자'라는 별명은 그의 유목민적인 생활방식과 지적 탐구의 광범위한 지리적 범위를 의미합니다.

팜므 파탈 루 살로메와 사귀었다는데 어떤 사이였나요?

니체는 1882년 로마에서 친구인 폴 레의 소개로 러시아 태생의 아름다운 여인 루 살로메(Lou Salomé, 1861~1937)를 만났습니다. 니체와 루 살로메와의 연애사건은 대단히 유명합니다.

그들은 수년 동안 친밀한 우정을 유지했지만, 격렬한 감정 기복으로 점철된 격동의 관계였습니다. 일부 전기 작가들은 살로메를 니체의 뮤즈이자 지적 동반자로 묘사했지만, 두 사람의 관계는 전통적인 의미에서 결코 로맨틱하지 않았습니다. 유명세는 허명에 가까웠고, 니체에게는 실속이 없는 고통만 안겨준 연애사건이었습니다.

니체가 살로메를 처음 만났을 때 그녀는 갓 스무 살을 넘긴 앳된 아가씨였고, 니체는 37세나 되는 중년이었습니다. 대단한 연애사건에서 나이 차이는 별문제가 되는 것이 아니었으나 살로메는 너무도 자유분방한 스타일이었고, 니체는 연애 한 번 제대로 해보지 못한 그 방면에는 풋내기였습니다.

니체는 살로메의 총명함과 매력에 매료되어 철학적, 개인적인 문제에 대해 수많은 편지를 주고받았습니다. 두 사람의 관계는 지적 친

◀루 살로메가 채찍을 든 유명한 사진
왼쪽의 여자는 루 살로메. 니체(맨 오른쪽)

밀감, 상호 존경, 애정을 특징으로 하는 복잡한 관계였지만 오해와 정
서적 혼란으로 가득 차기도 했습니다.

니체와 루 살로메는 짧지만 강렬한 관계를 맺었으나 두 사람의 관
계는 결코 완성되지 못했습니다. 니체는 그녀에게 두 번이나 청혼했
지만, 그녀는 두 번 모두 거절했습니다. 살로메에 대한 니체의 감정은
로맨틱했지만, 그녀는 그를 멘토이자 친구로만 생각했고 낭만적인 관
심은 없었던 것 같습니다.

더구나 니체의 여동생 엘리자베트는 그들의 관계를 인정하지 않
았고, 살로메가 오빠를 조종하고 있다는 소문을 퍼트렸습니다. 이는
살로메에 대한 니체의 짝사랑과 맞물려 결국 둘의 관계를 악화시켰

습니다.

니체와 살로메의 관계는 길지 않았지만 두 사람의 삶에 지대한 영향을 미쳤습니다. 살로메는 니체의 사상에 계속 관심을 갖고 심리학 및 문학 분야에서 저명한 경력을 쌓았으며, 니체의 거부감과 환멸은 훗날 니체의 철학 작업에 영향을 미쳤을 것으로 보입니다.

니체는 훗날 〈차라투스트라는 이렇게 말했다〉, 〈선악의 저편〉 등의 저서에서 그녀에 대한 분노와 비통함을 표현했습니다.

반면에 살로메는 인상적이고 야심 찬 젊은 여성으로 훗날 저명한 정신분석가이자 작가가 되었습니다. 살로메는 철학과 심리학 분야에서 경력을 쌓았고, 독립적이고 자유분방한 성격으로 유명했기 때문에 당시로서는 파격적인 여성이었습니다.

또한 시인 라이너 마리아 릴케, 정신분석학자 지그문트 프로이트 등 유럽의 여러 저명한 지식인들과 로맨틱한 관계를 맺기도 했습니다.

살로메는 〈작품에 나타난 니체(1894년)〉라는 니체에 관한 평론을 쓰기도 했습니다.

〈이 사람을 보라〉에는
자기자랑이 넘쳐난다고 하던데요?

　니체의 자서전 〈이 사람을 보라(Ecce Homo)〉는 자만심과 오만함
으로 인해 종종 비판을 받곤 합니다.

　니체는 정신병으로 쓰러지기 전, 삶의 막바지에서 자신의 철학적
업적과 인생 경험을 회고하기 위해 이 책을 썼습니다. 이 책은 "나는
왜 그렇게 영리한가", "나는 왜 그렇게 좋은 책을 쓰는가", "나는 왜
운명인가" 등의 제목을 가진 일련의 에세이로 구성되어 있습니다.

　이 책은 니체의 작품을 중심으로 구성되어 있으며, 각 장은 니체가
쓴 다른 책에 초점을 맞추고 있습니다. 이 형식은 니체가 자신의 업적
에 지나치게 집중하고 있다는 인상을 줄 수 있습니다.

　이 에세이에서 니체는 자신을 위대하고 중요한 사상가로 소개하며
평생 동안 많은, 놀라운 업적을 이루었다고 주장합니다. 그는 자신을
기존의 도덕적, 철학적 신념에서 벗어나 새롭고 삶을 긍정하는 사고
방식을 창조한 '자유로운 영혼'으로 묘사합니다.

　또한, 그는 당대의 중요한 지적 발전의 많은 부분을 예측했다고 주
장합니다. 이 책에서 니체는 자신을 '천재'이자 '구원자'로 묘사하며,

▶ 니체가 머물렀던 토리노 집(배경)이 쇠약해졌다고 전해지는 카를로 알베르토 광장에서 본 모습(왼쪽: 카리냐노 궁전의 후면 파사드)

자신의 작업이 인류에게 매우 중요한 것처럼 이야기합니다. 예를 들어 그는 자신을 '역사상 가장 위대한 심리학자', '유럽 최초의 완벽한 허무주의자', '새로운 종류의 위대함의 발명가'라고 칭합니다. 또한 자신의 저서를 '인류가 받은 가장 귀중한 선물', '가장 심오하고 진실하며, 가장 엄격하게 과학적인 책'이라고 칭송합니다.

이 책에서 니체의 글쓰기 스타일은 종종 아이러니, 유머, 풍자가 특징입니다. 그는 오만함이나 자만심으로 보일 수 있는 기존의 규범과 가치에 고의적으로 도전합니다. 이러한 자화자찬의 어조는 일부 독자에게는 과도하거나 심지어 망상으로 보일 수도 있습니다.

〈이 사람을 보라〉에서 그는 종교, 도덕, 문화에 대해 대담한 주장과 비판을 펼칩니다. 특히 자신을 '선과 악을 초월한 존재'라고 선언하고 '신을 죽였다'고 주장하는 대목에서는 종종 대립적이고 공격적입니다. 니체는 〈이 사람을 보라〉에서 수사학적 질문, 풍자, 모욕을 자주 사용하여 자신의 주장을 펼칩니다.

또한 니체는 이 책에서 다른 철학자, 사상가, 문화계 인물을 자주 비판합니다. 바그너, 쇼펜하우어, 칸트, 헤겔, 소크라테스, 플라톤, 기독교 등 동시대와 선대의 많은 학자들을 비판하고 모욕하기도 합니다.

그는 독자의 관점에 따라 장난스럽거나 공격적으로 보일 수 있는 아이러니, 풍자, 유머를 섞어 글을 씁니다. 일부 비평가들은 그의 자서전을, 임박한 정신적 붕괴의 징후로 해석한 반면에 다른 비평가들은 자기 표현과 자기 창조의 걸작으로 옹호했습니다.

니체의 마지막은 어땠나요?

　니체는 1900년 8월 25일 55세의 나이로 사망했는데 사망 원인은 폐렴이었습니다. 그의 말년은 정신적, 육체적 건강이 점진적으로 쇠퇴하는 시기였습니다.

　니체의 마지막은 비극적이고 고통스러웠습니다.

　1889년 1월, 니체는 이탈리아 토리노 거리에서 말이 채찍질당하는 장면을 목격한 후 정신적 쇠약을 겪었다고 합니다.

　니체는 하숙집 문을 나서다가 집 앞 광장에서 어떤 마부가 말을 때리고 있는 것을 보게 됩니다. 니체는 큰 소리로 울부짖으며 광장을 가로질러 가서 말의 목을 감싸 안고는 바로 의식을 잃고 맙니다. 사람들이 모여들고, 하숙집 주인이 의식이 없는 상태의 니체를 방으로 옮깁니다. 니체는 의식을 회복하자 소리를 지르며 노래를 부르고 피아노를 연주합니다. 진정이 된 후에 니체는 친구들과 유럽 왕실에 편지를 써서, 십자가에 못 박힌 자인 자신이 5일 후에 로마에 갈 예정이니 모든 유럽의 왕자들과 교황은 참석하라고 요구합니다.

　이 사건을 계기로 니체는 치매 증상을 보이며 글쓰기 능력을 잃었

습니다. 그의 상태는 점차 악화되어 가족과 친구들의 보살핌을 받으며 오랜 기간 병을 앓게 됩니다. 그는 일련의 뇌졸중으로 인해 점점 더 쇠약해지고 의사소통이 불가능해졌습니다. 병원에서 더 이상의 치료가 불가능하다는 판단이 내려진 후 니체는 나움부르크에 있는 그의 어머니의 집으로 보내집니다.

니체의 어머니는 차츰 병이 심해지고 무감각해지는 니체를 7년 동안이나 밤낮으로 간호하다가 1897년 세상을 떠납니다. 그 후 니체는 1900년 죽을 때까지 여동생인 엘리자베트의 손에 맡겨지는데, 이것은 훗날 여러 가지 이유로 불행한 일을 만들어냈습니다.

니체는 거의 전신 마비 상태에서 말년을 보냈고, 침대나 휠체어에

간혀 다른 사람의 보살핌을 받아야 했습니다. 니체의 정신적 붕괴의 정확한 원인은 신경매독, 뇌종양 또는 정신 질환에 대한 유전적 소인 등의 가능성으로 학자들 사이에서 여전히 논쟁의 대상이 되고 있습니다.

chapter 2

니체는 어떤 사상적 영향을 받았나요?

-다양한 철학, 문학, 과학, 문화 운동의 영향

　누구나 그렇듯이 니체는 당대의 다양한 철학, 문학, 과학, 문화 운
동의 영향을 받았습니다.
　니체에게 가장 큰 영향을 준 철학자 중 한 명은 아르투어 쇼펜하우
어입니다. 그는 학창 시절 쇼펜하우어의 철학을 접하고 열정적으로
공부했습니다. 쇼펜하우어의 대표작 〈의지와 표상으로서의 세계〉에
나타난 존재의 비합리성, 고통과 욕망의 본질에 대한 쇼펜하우어의
사상은 니체 자신의 사고에 깊은 영향을 미쳤습니다.

　니체는 개인주의, 상상력, 비합리적인 것을 찬양하는 독일 낭만주
의와 이성, 합리성, 지식 추구를 강조하는 계몽주의 등 당대의 문화
및 지적 운동에도 영향을 받았습니다. 문화, 미학, 도덕에 대한 니체
의 견해는 고전 그리스 철학, 특히 플라톤과 아리스토텔레스의 작품
에 대한 관심에 의해 형성되었습니다.
　이러한 영향 외에도 보수적이고 종교적인 가정에서 보낸 어린 시
절, 질병과 외로움과의 싸움 등 니체 자신의 개인적인 경험도 그의 사
상을 형성하는 데 중요한 역할을 했습니다.

　전반적으로 니체의 사상은 철학, 문학, 문화, 개인적 경험 등 다양

한 원천에서 영향을 받았습니다. 이러한 영향이 독특하게 결합되어 개인주의, 창의성, 전통적 가치와 신념에 대한 거부 등의 중요성을 강조하는 자신만의 독특한 철학적 세계관을 발전시켰습니다.

니체 사상의 출발점은 무엇인가요?

니체의 철학은 복잡하고 다면적이기 때문에 논란의 여지가 있는 사상으로 유명합니다. 니체의 철학은 평생에 걸쳐 진화했고 다양한 주제를 다루었기 때문에 니체 사상의 '출발점'을 하나로 규정하기는 어렵습니다.

니체의 사상에는 여러 가지 출발점이 있지만, 그의 철학에서 중요한 측면 중 하나는 전통적인 도덕성을 거부하고 개인의 자유와 창의성의 중요성을 강조한 것입니다. 니체는 수 세기 동안 서구 문화를 지배해 온 기독교 도덕을 거부하며, 그것이 노예적 사고방식의 산물이며 개인의 창의성과 성장을 억압한다고 주장했습니다.

니체 사상의 또 다른 중요한 출발점은 고대 그리스 정신에 대한 추구입니다. 그는 디오니소스 및 아폴론에 대한 새로운 개념을 정립했습니다. 디오니소스적 힘은 원초적이고 비합리적인 힘을, 아폴론적 힘은 질서와 이성을 상징합니다.

니체는 이 두 힘 사이의 긴장을 인간 경험의 근본적인 측면으로 보았으며, 이들 사이의 창조적인 긴장이 새로운 형태의 예술과 문화를 만들어낼 수 있다고 믿었고, 이를 바탕으로 개인의 번영과 자기 극복을 지원하는 새로운 가치 체계를 만들고자 했습니다.

그는 신이나 객관적 진리가 없는 세상에서 생명, 예술, 창의성을 가치와 의미의 원천으로 긍정했습니다.

니체 사상의 중심이 되는 몇 가지 핵심 개념은 다음과 같습니다.

신의 죽음 : 니체는 "신은 죽었다"고 선언한 것으로 유명한데, 이는 전통적인 종교적 신념과 가치가 현대 사회에서 그 의미를 상실했음을 의미합니다. 그는 이를 인류가 기독교적 도덕의 제약을 뛰어넘어 새로운 가치를 창조할 수 있는 기회로 여겼습니다.

권력에의 의지 : 니체는 인간의 근본적인 원동력은 자신을 주장하고 환경을 지배하려는 욕구인 '권력에의 의지'라고 가정했습니다. 이 개념은 인간의 동기와 문화 및 사회 형성에 대한 그의 이해의 핵심입니다.

관점주의 : 니체는 절대적인 진리나 객관적인 현실은 존재하지 않는다고 믿었습니다. 대신에 모든 지식은 개인의 경험과 편견에 의해 형성된 인간 관점의 산물이라고 주장했습니다. 따라서 그는 보편적이거나 객관적인 도덕성을 거부했습니다. 그의 관점주의는 하나의 진정한 세계관의 가능성을 부정하고 대신 개인의 관심사, 욕망, 해석에 의해 형성되는 다양한 관점을 포용합니다.

위버멘쉬(초인) : 니체가 생각한 위버멘쉬는 기존의 도덕과 한계를 초월하여 자신의 의지를 수용하고 새로운 가치를 창조하는 개인입니다. 위버멘쉬는 인간의 위대함과 자아실현의 잠재력을 상징하는 존재입니다.

이러한 개념은 니체의 사상을 이해하는 데 기초가 되지만, 니체의 철학은 풍부하고 미묘하며 종종 모순적이라는 점을 기억하는 것이 중요합니다. 그의 작품에 직접 참여하는 것이 그의 사상의 출발점과 발전 과정을 이해하는 가장 좋은 방법입니다.

니체의 사상은 전반적으로 전통적인 철학적, 도덕적 범주에 대한 거부, 개인주의와 창의성에 대한 찬양, 비합리적인 것과 미지의 것을 기꺼이 수용하는 것이 특징입니다.

쇼펜하우어는 어떤 철학적 스승이었을까요?

니체는 21세였던 1865년에 아르투어 쇼펜하우어의 작품을 처음 접했습니다. 니체는 라이프치히 대학에서 공부하던 중 헌책방에서 쇼펜하우어의 〈의지와 표상으로서의 세계〉를 발견하고 깊은 감명을 받았습니다. 이 만남은 니체를 문헌학의 세계에서 철학의 세계로 이끌어냈습니다. 그리고 니체의 철학적 사유에 심오하고 지속적인 영향을 미쳤습니다.

니체는 쇼펜하우어를 만난 날을 이렇게 기록하고 있습니다.

"나는 오래된 중고 서점에서 이 책을 발견하고 아주 조심스럽게 집어 페이지를 넘겼습니다. 악마가 나에게 뭐라고 속삭였는지 모릅니다. '이 책을 집으로 가져가세요.' 나는 웬만하면 서두르지 않는 습관과 달리 집으로 가져갔다. 내 방으로 돌아와서 나는 전리품을 들고 소파 구석에 몸을 던졌고 그 활기차고 우울한 천재가 내 마음에 작용하도록 허용하기 시작했습니다."

〈프리드리히 니체, 역사 비판적 총서(뮌헨: 벡, 1933)〉

◀▲아르투어 쇼펜하우어

니체는 쇼펜하우어를 철학적 스승으로 여겼으며, 그를 심리적 통찰력의 대가이자 당대의 지배적인 철학적 경향에서 벗어난 '대담하고 독립적인 사상가'라고 칭송하고 영감의 원천이었다고 썼습니다.

니체의 초기 저서에는 쇼펜하우어의 영향이 많이 반영되어 있습니다. 쇼펜하우어의 비관주의, 인간 본성의 비합리적인 측면에 대한 강조, '삶에 대한 의지'라는 개념은 니체에게 큰 반향을 불러일으켰습니다. 이러한 사상은 훗날 니체 자신의 철학적 프로젝트의 토대가 됩니다.

니체의 '권력에의 의지'라는 개념은 쇼펜하우어의 '삶에 대한 의지'에 대한 직접적인 반응으로 볼 수도 있습니다. 니체는 이러한 생각을 더욱 발전시켜 권력에의 의지가 모든 인간 행동의 원동력이며, 인간 삶의 궁극적인 목표는 이러한 권력에의 의지를 수용하고 더 큰 자기표현과 창조성을 위해 노력하는 것이라고 주장했습니다.

전반적으로 쇼펜하우어는 니체에게 중요한 철학적 영향을 주었지만, 점차 쇼펜하우어의 영향에서 벗어났습니다. 니체는 궁극적으로 자신만의 뚜렷한 철학적 비전을 발전시켰습니다.

니체는 쇼펜하우어의 비관적 세계관을 거부하고 삶을 부정하기보다는 포용해야 하며, 권력에의 의지는 인간 본성의 근본적인 측면이라고 믿었습니다. 쇼펜하우어가 존재에 내재된 고통에 대한 대응으로 금욕주의와 체념을 옹호한 반면, 니체는 삶을 긍정하는 가치와 자기 극복의 사상을 수용했습니다.

요약하자면, 쇼펜하우어는 초기에 니체에게 중요한 철학적 영향을 끼쳤으나 니체는 쇼펜하우어의 사상을 기반으로 하면서도 쇼펜하우어와는 다른 자신만의 독특한 철학적 입장을 발전시켰습니다.

아버지같이 존경하던 바그너와는 왜 결별했나요?

니체는 유명한 작곡가인 리하르트 바그너의 예술적 업적을 존경하며 그를 아버지처럼 여겼습니다. 니체는 바그너의 음악에 크게 감탄했고, 그를 독일 정신의 최고 이상을 구현한 일종의 예술적 천재로 여겼습니다. 그러나 두 사람의 우정과 지적 파트너십은 악화되어 결국 헤어지게 됩니다.

여기에는 몇 가지 이유가 있었습니다. 가장 중요한 이유 중 하나는 니체가 바그너와 철학적 의견 차이가 점점 커진 것이었습니다. 니체는 바그너의 사상이 시대에 뒤떨어지고 제한적이라고 생각하기 시작했고, 바그너가 옹호하는 독일 민족주의와 국가 미화 사상을 점점 더 거부하게 되었습니다.

니체는 바그너가 독일 민족주의와 정치에 점점 더 관여하는 것에 대해 비판적이었으며, 예술은 그러한 문제로부터 독립적이어야 한다고 믿었습니다. 그는 바그너의 정치 참여가 예술의 순수성을 훼손한다고 생각했습니다. 그는 바그너를 기독교적 가치와 독일 민족주의에 굴복한 퇴폐적이고 비관적인 인물로 보았습니다.

기독교에 대한 확고한 비판자였던 니체는 바그너가 오페라 〈파르지팔〉과 같은 후기 작품에 기독교적 주제와 가치를 도입하는 것을 반대했습니다. 니체가 기독교의 구속과 금욕주의를 찬양하는 것으로 여겼던 이 오페라는 자신의 반기독교적이고 생명을 긍정하는 철학과 어긋나는 것이었죠.

게다가 니체는 바그너의 반유대주의적 견해에 점점 더 불편함을 느꼈습니다. 니체 자신도 인종에 대해 다소 문제 있는 견해를 가지고 있었지만, 반유대주의자는 아니었고 바그너의 유대인에 대한 적대감에 동의하지 않았습니다. 니체는 바그너를 일종의 거짓 선지자, 즉 한때 독일 정신의 가장 높은 이상을 구현했지만, 편협한 사고와 민족주의와 반유대주의를 수용함으로써 그 이상을 배신한 인물로 여기게 되었습니다.

또한, 니체는 대중적 인기에 영합하는 바그너의 개인적 성격에 환멸을 느끼고 위선적이고 교활하다고 생각했습니다. 바그너는 굉장히 독선적이고 다른 사람과의 관계에서 항상 우위를 지켜야 만족하는 사람이었습니다. 니체는 동등한 입장에서 우정을 나누고자 했으나 바그너의 허영심은 니체를 실망시켰습니다.

시간이 지남에 따라 니체는 개인주의, 삶에 대한 긍정, 권력에의 의지를 강조하는 자신만의 철학적 관점을 개발하기 시작했습니다. 이러한 서로 다른 관점은 두 사람 사이에 지적 긴장을 불러일으켰습니다. 결국 니체는 바그너의 예술적 업적에 대한 지속적인 존경에도 불구하고 자신만의 길을 추구하기 위해 바그너와 결별해야만 했습니다.

철학적 관점 차이 외에도 두 사람의 결별에는 개인적인 이유도 있었습니다. 니체는 심한 편두통과 시력 문제를 포함한 건강 문제로 인해 친밀한 관계를 유지하기가 어려웠습니다. 니체는 편두통, 복통, 안구 질환, 우울증 등 다양한 신체적, 정신적 질환으로 고통받았습니다. 그는 바그너의 음악이 자신의 상태를 악화시키고 신경 피로를 유발한다고 비난했습니다.

산업혁명과 제국주의의 어두운 그림자를 어떻게 묘사했나요?

19세기 말, 유럽은 산업혁명의 성공으로 아프리카, 아시아, 중남미를 식민지화한 제국주의 시대를 맞이해서 유럽의 전성기를 구가하고 있었습니다. 하지만 니체는 산업혁명과 제국주의에 대해 비판적이었으며, 제국주의가 '노예적 도덕'을 조장하는 역할을 한다고 비판했습니다.

그는 권력과 지배를 추구하는 것이 더 큰 목적을 위한 수단이 아니라 그 자체가 목적이 되었다고 믿었습니다. 이로 인해 약자가 강자에 의해 짓밟히는 착취와 지배의 문화가 만연하게 되었고, 유럽에서 사람들 사이에 일반적인 허무주의와 절망감을 불러일으켰다고 믿었습니다.

전반적으로 니체는 산업혁명과 제국주의의 어두운 그림자를 서구 문명의 광범위한 문화적 위기의 징후로 보았습니다. 그는 이러한 발전으로 인해 사람들이 전반적으로 무의미함과 절망감을 느끼게 되었으며, 이러한 위기를 극복하기 위해서는 새로운 가치관을 받아들여야 한다고 믿었습니다.

니체는 산업혁명과 제국주의의 어두운 그림자를 다양한 방식으로 묘사했습니다. 니체가 산업혁명에 대해 비판한 주요 내용 중 하나는 산업혁명이 인간 생활의 기계화와 표준화를 가져왔다는 것이었습니다. 그는 이를 거대한 경제 기계의 단순한 톱니바퀴로 전락한 비인간적인 과정으로 보았습니다. 이로 인해 개성과 창의성이 상실되고 사람들이 점점 더 동질화, 획일화되고 있다고 믿었습니다.

그는 산업화와 제국주의가 힘, 창의성, 고귀함보다 나약함, 순응, 분노를 중시하는 노예 도덕의 산물이라고 보았습니다. 그는 산업화와 제국주의를 지지하고 정당화했던 정치 및 종교 기관의 위선과 부패를 폭로했습니다. 그는 기독교를 거짓 도덕과 구원에 대한 거짓 희망을 조장하는 노예 종교라고 공격했습니다.

또한, 민주주의를 개성과 우수성을 억압하는 다수의 폭정이라고 공격했습니다. 그는 산업화와 제국주의의 부정적 영향을 극복할 수 있는 대안적 삶의 방식을 구상했습니다. 그는 충만하고 복잡한 삶을 긍정할 수 있는 모든 가치에 대한 재평가를 요구했습니다.

〈차라투스트라는 이렇게 말했다〉에서 니체는 평범함에 만족하고 오직 편안함과 안위를 위해 살아가는 한심하고 평범한 개인인 '최후의 인간'이라는 개념을 소개합니다.

최후의 인간, 즉 말종인간은 니체가 현대 산업화 사회에서 보았던 안일함과 야망의 결여를 표현한 것으로 볼 수 있습니다. 말종인간의 등장은 식민주의의 확산과 유럽적 가치의 전 세계적 강요와도 관련이 있으며, 니체는 이를 인간의 위대함의 쇠퇴에 기여하는 것으로 보았습니다.

그는 신이나 객관적 진리가 없는 세상에서 자신만의 가치와 의미를 창조하는 새로운 유형의 인간, 초인 즉 위버멘쉬의 출현을 주장했습니다. 니체의 위버멘쉬(초인) 개념은 현대 사회의 한계와 평범함을 뛰어넘고자 하는 열망을 나타냅니다.

산업혁명과 제국주의의 맥락에서 위버멘쉬는 이러한 역사적 발전의 비인간적인 힘에 저항하고 보다 심오하고 삶을 긍정하는 존재를 위해 노력하라는 요청으로 볼 수 있습니다.

다윈의 진화론이 니체의 생철학에 어떤 영향을 미쳤나요?

찰스 다윈의 진화론은 19세기의 철학적 지형에 큰 영향을 미쳤습니다. 니체는 다윈의 이론을 전면적으로 수용하지는 않았지만, 특정 측면에서 깊은 영향을 받았습니다.

니체의 생철학은 생물학적 개념과 진화론적 개념의 철학적 함의를 탐구하려는 시도로 이해할 수 있습니다.

다윈은 형이상학, 종교, 인간 예외 주의에 대한 니체의 거부를 확인시켜 주었습니다. 진화론의 자연 선택과 유전적 변이를 통해 종이 진화한다는 개념은 니체의 생의 의지, 권력에의 의지 개념에 영감을 주었습니다. 다윈은 삶이란 존재와 생존을 위한 투쟁이며, 자연 선택은 환경에 더 잘 적응한 생명체를 선호한다고 주장했습니다.

니체는 생명은 생존뿐만 아니라 성장, 확장, 지배에 관한 것이라고 주장함으로써 이러한 생각을 수정했습니다. 니체는 자신만의 도덕과 가치에 대한 이론을 개발하기 위해 도전했습니다.

니체의 핵심 사상 중 하나는 모든 생명체는 자신의 힘과 영향력을 타인에게 행사하기 위해 노력한다는 개념인 '권력에의 의지'입니다. 이 개념은 다윈의 자연 선택 개념과 동일하지는 않지만, 두 개념 모두 유기체의 삶에서 투쟁과 경쟁이 중요하다는 점을 강조합니다.

니체의 권력에의 의지는 더 넓은 철학적 틀 안에서 다윈의 사상을 확장하고 재해석하려는 시도로 볼 수 있습니다. 그는 도덕성이 실제로는 권력에의 의지의 산물이며, 강자나 약자, 주인이나 노예 등 다양한 유형의 사람들의 이익을 위해 봉사한다고 주장했습니다. 그러나 니체는 다음과 같은 몇 가지 점에서 다윈의 의견에 동의하지 않았습니다.

그는 다윈이 진화에서 마음이나 정신의 역할을 소홀히 했다고 비난했으며, 생명을 형성하는 외부 조건과 제약에 지나치게 초점을 맞추었고, 생명을 움직이는 내부의 힘과 창의성을 무시했다고 생각했습니다. 또한 다윈이 진화에서 우연과 우발성의 중요성을 과소평가하고 적응과 유용성의 역할을 지나치게 강조했다고 생각했습니다.

그는 다윈이 삶에 대해 너무 비관적이고 허무주의적이라고 비판했습니다. 그는 다윈이 삶을 적자만 살아남고 약자는 멸망하는 무의미하고 잔인한 과정으로 묘사했다고 생각했습니다. 또한 다윈은 삶에는 목표나 방향이 없으며 정체되거나 쇠퇴할 운명이라고 암시했다고 생각했습니다.

니체는 이러한 견해를 거부하고 대신 삶을 가치와 기쁨의 원천으로 긍정했습니다. 또한 삶에는 개선과 변화의 잠재력이 있으며 새로운 가치와 의미를 창출할 수 있다고 제안했습니다.

요약하자면, 다윈의 진화론은 니체의 생철학에 큰 영향을 미쳤으며 인간의 본성, 도덕성, 존재의 본질에 대한 그의 견해를 형성했습니다.

니체는 다윈 이론의 모든 측면을 수용하지는 않았지만, 다윈의 사상을 창의적으로 받아들여 자신만의 철학적 비전을 발전시켰습니다.

슈트라우스의 〈역사적 예수〉는 어떤 책인가요?

〈역사적 예수: 예수의 생애, 비판적으로 고찰〉는 독일의 신학자 다비드 프리드리히 슈트라우스가 1835년에 쓴 책입니다. 이 책은 신약성서와 예수의 생애를 종교적 관점이 아닌 역사적, 신화적 관점에서 비판적으로 분석했다는 점에서 당시로서는 획기적이고 논란이 많았습니다.

예수의 생애에 대한 슈트라우스의 접근 방식은 기존 교회와는 사뭇 다른 것이었습니다. 슈트라우스는 합리주의와 낭만주의의 방법을 결합하여 예수에 관한 많은 이야기가 실제 사건에 근거한 것이 아니라 신화적 성격이 강하다는 결론을 내렸습니다.

이 책은 모든 초자연적 사건과 기적을 신화적 정교함으로 거부하고 편견 없는 역사적 연구를 바탕으로 예수의 삶과 가르침을 재구성하려고 노력했습니다. 그리고 전통적인 기독교 교리에 도전하고 예수를 종교적, 도덕적 사명을 가진 한 인간으로 제시했습니다.

예수의 생애와 성경 기록에 대한 이러한 접근은 당시 새로운 과학을 신봉하던 젊은이들에게 폭발적인 인기를 끌었고 최고의 베스트셀

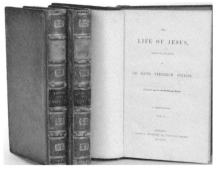

◀다비드 슈트라우스의 〈역사적 예수〉

러였습니다. 이 책은 예수에 대한 복음서 기록에 역사적 비평을 적용
한 최초이자 가장 영향력 있는 작품 중 하나였습니다.

니체도 학창 시절 슈트라우스의 책을 읽고 큰 영향을 받았습니다.
특히 슈트라우스가 복음서를 비판적이고 역사적으로 접근하는 방식
에 깊은 인상을 받았고, 이러한 접근 방식은 니체 자신의 철학적, 지
적 발달에 지속적인 영향을 미쳤습니다. 이후 니체는 전통 종교와 도
덕에 대한 자신의 비판에서 초자연적인 것에 대한 슈트라우스의 회의
론과 역사적 탐구의 중요성을 끌어들였습니다.

니체는 성서 내러티브의 역사적 문제와 모순을 폭로하고 신화와 전
설에 근거한 종교로서의 기독교를 급진적으로 비판한 슈트라우스의
용기와 정직함을 존경했습니다.

그는 슈트라우스의 접근 방식이 지적으로 엄격하다고 생각했으며,
〈역사적 예수〉에 대한 비판적 고찰을 통해 종교적 도그마를 해체하는
슈트라우스의 방식을 높이 평가했습니다.

니체는 이를 인간의 잠재력 개발과 자아실현을 방해한다고 믿었던 종교적 권위의 제약에서 벗어나는 중요한 단계라고 생각했습니다.

그는 또한 슈트라우스를 자신의 삶, 긍정과 극복 철학의 선구자로 보았는데, 이는 그가 〈이 사람을 보라〉에서 썼던 글에서 확인할 수 있습니다.

"나는 신학자들의 본능에 맞서 그 누구보다 성공적으로 전쟁을 치렀다고 말할 수 있어 자랑스럽다. 책 중에서 다비드 슈트라우스의 〈역사적 예수〉가 첫손에 꼽힌다."

니체가 과학책에 심취했다는데 어떤 책을 읽었나요?

니체는 어린 시절부터 자연과학에 관심이 많았고, 평생 생물학, 물리학, 심리학 등 다양한 과학 서적을 읽었습니다. 니체는 실제로 과학, 특히 세계에 대한 이해를 발전시키는 데 큰 진전을 이루었던 당시의 자연과학에 매료되었습니다.

니체는 학제 간 접근으로 유명했으며 자연과학의 아이디어를 철학 작품에 종종 통합했습니다. 그는 특히 진화, 생물학적 결정론, 정신과 육체의 관계에 대한 개념에 관심이 많았습니다.

그리고 찰스 다윈의 연구와 그의 진화론에 관심이 많았는데, 특히 〈종의 기원(1859)〉과 〈인간의 유래(1871)〉는 니체의 철학에 지대한 영향을 미쳤습니다. 다윈의 이론에 완전히 동의하지는 않았지만, 이 책에 제시된 아이디어에 영향을 받았습니다.

니체는 자신의 작품에서 과학적 개념과 아이디어를 자주 언급했으며 종교, 도덕, 형이상학에 대한 비판에서 자연과학을 많이 활용했습니다. 프리드리히 알버트 랑게의 〈유물론의 역사〉는 니체가 여러 번

읽고 연구한 것으로 알려진 책입니다. 고대부터 현대까지 유물론과 과학의 발전을 추적하고 과학과 도덕을 조화시키는 이상주의의 한 형태를 옹호한 이 책은 유물론적 사유와 관념론적 사유를 결합시키려는 시도로써 당시에 커다란 영향력을 행사했습니다.

니체는 랑케를 통해 칸트의 인식비판과 고대 및 근대의 유물론, 다원주의, 근대 자연과학의 기본 특징을 알게 되었으며, 여기에 예리한 관찰을 더해 쇼펜하우어 체계에 포함된 몇 가지 이론적 취약점도 발견해냈습니다.

또한, 니체는 괴테의 〈색채론(1810)〉에 감탄했으며 예술과 과학의 관계에 대한 그의 생각에 영향을 받았습니다. 자연과학 작품으로는 독일의 생물학자이자 철학자인 에른스트 헤켈의 〈인간의 진화(1879)〉와 독일의 물리학자이자 생리학자인 헤르만 폰 헬름홀츠의 〈음색의 감각에 관하여(1863)〉와 〈과학 주제에 대한 대중 강연(1885)〉이 있습니다.

또한, 니체는 모든 현상을 감각과 관계로 환원하고 형이상학과 기계론적 물리학을 비판하는 급진적 경험론을 제안한 에른스트 마흐의 〈감각의 분석(1886)〉, 그리고 정신물리학을 연구한 독일의 실험 심리학자 구스타프 페히너의 〈정신물리학의 요소(1860)〉와 〈젠드-아베스타, 또는 정신과 정신의 존재(1851)〉를 읽었고, 물리적 세계와 심리적 세계 사이의 연결에 대한 이해에 기여한 그들의 공적을 잘 알고 있었습니다.

그러나 니체의 과학에 대한 관심이 무조건 긍정적이지는 않았다는 점은 주목할 필요가 있습니다. 그는 과학의 업적을 높이 평가하면서도 과학적 방법의 한계와 편견, 과학적 발견이 종종 이데올로기적 목적으로 오용되는 방식에 대해 비판적이었습니다.

그는 인간 경험의 복잡성을 완전히 이해하기 위해서는 과학이 철학, 예술, 문학 등 다른 형태의 지식과 이해로 보완되어야 한다고 생각했습니다.

니체가 동양철학에서 배운 것은 무엇이었나요?

　니체는 주로 쇼펜하우어의 작품과, 평생 친구이며 동양 철학자가 된 파울 도이센과의 우정을 통해 동양철학을 접하면서 자신의 철학적 사상을 발전시켰습니다. 도이센은 훗날 '쇼펜하우어 학회'를 설립해 쇼펜하우어 철학의 국제화를 주도하기도 했습니다. 니체는 인도와 불교 사상에 깊은 영향을 받은 쇼펜하우어를 읽으면서 동양철학에 대해 배웠습니다.

　쇼펜하우어는 자신의 저작에서 힌두교와 불교 사상을 소개하고 있으며 세상을 고통으로 특징짓고 있습니다. 이 고통에서 벗어나는 유일한 길은 의지를 부정하는 일종의 영적 해탈을 통해서만 가능하다고 주장했는데 니체는 쇼펜하우어의 사상이 설득력이 있다고 생각했습니다.

　니체는 동양의 철학적 교리를 직접 수용하지는 않았지만, 이러한 사상과 대화를 나누며 여러 가지 방식으로 자신의 사상에 영향을 미쳤습니다. 니체의 동양철학에 대한 관심은 형이상학에 대한 비판과 구체화된 경험의 중요성에 대한 강조에서 가장 잘 드러납니다.

니체는 동양 철학자들과 마찬가지로 이성적 성찰을 통해 객관적인 진리에 도달할 수 있다는 생각에 회의적이었으며, 가장 중요한 진리는 직접적인 경험을 통해 발견되는 진리라고 믿었습니다.

또한, 쇼펜하우어의 전통적 도덕에 대한 비판의 가치를 인정했지만, 자신이 발전시키고자 했던 삶을 긍정하는 철학과 어긋나는 쇼펜하우어의 비관적 세계관은 거부했습니다.

니체는 쇼펜하우어 외에도 산스크리트어 전문가이자 그에게 〈바가바드 기타〉 및 〈우파니샤드〉의 가르침을 소개해 준 친구 파울 도이센을 비롯하여 동양철학에 관심이 많았던 다른 사상가들의 영향을 받았습니다. 그리고 힌두교와 불교를 다룬 랑게의 〈유물론의 역사〉, 불교 창시자에 대한 역사적 설명을 담은 올덴버그의 〈붓다의 생애〉 등 동양철학에 관한 다른 책도 읽었습니다.

니체는 삶과 존재에 대한 동양철학의 다른 접근 방식, 즉 인생의 무상함, 모든 것의 상호 연결성, 힘에 대한 개인의 의지를 강조하는 접근 방식을 구현한다고 생각했습니다. 그는 또한 죄, 구원, 천국, 지옥에 대한 기독교 교리의 대안으로 업보, 윤회, 열반, 깨달음에 대한 동양의 개념을 존중했습니다.

니체가 영향을 받은 주요 개념은 힌두교에서 차용한 영원한 순환에 대한 개념입니다. 우주와 그 안의 모든 사건이 무한히 반복된다는 니체의 '영원 회귀' 개념은 동양의 우주론과 유사합니다.

예를 들어, 힌두교와 불교의 윤회 개념은 존재가 삶과 죽음, 재생의 연속적인 순환 속에서 다시 태어나는 존재의 순환적 본질을 설명합니다. 그는 힌두교와 불교의 우주론에서 파생된 영원한 순환 개념과 서양 문화의 퇴폐와 쇠퇴를 설명하는 데 사용한 '허무주의'라는 용어 등 동양의 일부 사상과 용어를 자신의 철학에 차용하고 수정했습니다.

그는 또한 '브라만', '아트만', '마야', '달마'와 같은 산스크리트어 단어를 저술에 사용하기도 했습니다.

니체의 영원 회귀는 동양의 개념과 동일하지는 않지만, 유사점은 동양사상이 니체의 사상을 형성하는 데 영향을 미쳤음을 시사합니다. 전반적으로 니체가 동양철학을 접한 것은 복잡하고 다면적이었습니다.

그는 분명 동양철학의 많은 사상에 영향을 받았지만, 이러한 사상에 대한 자신만의 독특한 해석과 각색을 통해 자신의 광범위한 철학적 틀에 통합했습니다.

19세기 말 데카당스 풍조를 어떻게 비판했나요?

니체는 1844년에 태어나서 1900년까지 살았습니다. 그가 철이 들고 활동했던 시기는 오롯이 19세기 후반이었습니다. 그는 서구 기계 문명의 발달이 가치관을 퇴폐적으로 만들었고, 오히려 문화가 쇠퇴하고 있다고 믿었습니다. 또한 니체는 기독교를 유럽 사회의 퇴폐적 가치관의 원인 제공자로 보았습니다.

그는 기독교가 힘, 창의성, 개인주의보다 약함, 자기부정, 복종을 중시하는 '노예도덕'을 조장한다고 믿었습니다.

그는 사회의 약하고 유능하지 못한 구성원들이 분노와 시기심에 이끌려 나머지 사람들에게 자신들의 가치를 강요함으로써 유럽 문화가 쇠퇴했다고 가정했습니다. 니체는 퇴폐적 경향이 전통 종교의 쇠퇴와 합리주의와 물질주의의 부상으로 인한 결과라고 믿었습니다.

그는 현대 유럽 문화가 편안함, 쾌락, 부의 추구에 너무 집중한 나머지 창의성, 용기, 자기표현의 가치를 잃어버렸다고 주장했습니다.

니체는 어떤 한 시대의 문화에서 니힐리즘이 나타날 때, 이것을 '데카당스'라고 칭하고 있는데, 유럽 사회 전체에서 총체적인 일탈이 일어난다는 것을 아주 비관적으로 바라보았습니다.

실제로 당시 프랑스에서 발간되었던 잡지《르 데카당 Le Décadent》은 도취, 비정상, 이국적인 것, 파멸에의 욕구를 통한 시민적 도덕의 붕괴를 조성하고 확산시켰습니다. 데카당스가 이제 막 시작한 현대에서의 니힐리즘이라는 시대적 진단은 정확한 것으로 입증되고 있었습니다.

유럽 사회의 데카당스적 경향에 대한 가장 유명한 비판 중 하나는 그의 저서 〈도덕의 계보학〉에서 찾아볼 수 있습니다. 이 작품에서 그는 근대 유럽의 도덕이 죄책감과 처벌이라는 개념에 지나치게 집중되어 있다고 주장했는데, 이는 인간의 본능과 욕망을 잃어버린 사회의 반영이라고 생각했습니다.

19세기 후반 유럽의 퇴폐에 대한 니체의 비판은 삶을 긍정하는 가치관의 쇠퇴, 허무주의의 대두, 기독교가 사회에 미친 부정적인 영향에 초점을 맞췄습니다. 그는 이러한 경향이 인간 정신을 약화시키고 개인의 창의성과 위대함을 억압하는 데 기여한다고 믿었습니다.

니체는 이러한 퇴폐를 극복할 수 있는 유일한 방법은 힘, 창의성, 개인주의의 가치에 기반한 새로운 문화를 창조하는 것이라고 믿었습니다.

니체는 퇴폐를 극복하는 길은 새로운 사고방식과 생활 방식을 받아들이는 것이라고 믿었습니다. 또한 창의성, 용기, 자기표현의 정신이 깃들어 있다고 믿었던 고대 그리스의 가치로 돌아갈 것을 촉구했습니다.

그는 이 새로운 문화는 전통적인 도덕의 제약으로부터 자유롭고 자신만의 가치를 창조할 수 있는 새로운 유형의 인간에 의해 창조될 것이라고 믿었습니다.

또한 개인은 전통적인 도덕의 한계를 초월하여 자신의 가치에 따라 살아가는 '위버멘쉬', 즉 초인이 되기 위해 노력해야 한다고 주장했습니다.

니체는 시인으로도 유명한데
어떤 문학적 영향을 받았나요?

니체는 아포리즘적 기법으로 철학책을 썼고, 시인으로도 유명합니다.

그의 철학 작품은 내용과 스타일에서 모두 문학의 영향을 많이 받았습니다. 시인으로서 그는, 특히 요한 볼프강 폰 괴테, 프리드리히 휠덜린, 윌리엄 셰익스피어 등으로부터 많은 영감을 받았습니다. 이들이 니체의 시에 미친 영향은 다양한 측면에서 관찰할 수 있습니다.

이 문학가들의 작품은 종종 비극, 인간 조건, 미학 등의 주제를 다루었습니다. 니체는 이러한 주제를 흡수하여 자신의 저술에서 더욱 발전시켜 인간 존재의 복잡성, 예술의 역할, 고통의 본질에 대해 탐구했습니다.

니체의 시는 그가 존경하는 문학, 특히 괴테, 휠덜린, 셰익스피어의 작품에 깊은 영향을 받았습니다. 이들의 주제, 문체, 아이디어는 니체의 시적 비전을 형성하는 데 도움이 되었으며, 니체는 종종 인간 존재의 복잡성, 개인주의, 사회에서 예술의 역할에 대해 탐구했습니다.

니체가 문학의 영향을 받은 한 가지 방법은 상징주의를 사용하는

▲괴테　　　　　▲횔덜린　　　　　▲셰익스피어

것이었습니다. 니체는 복잡한 사상과 감정을 전달하는 상징의 힘에 매료되었고, 철학적 개념을 탐구하기 위해 시에서 상징적 언어를 자주 사용했습니다. 예를 들어, 니체는 시 '미지의 여신에게'에서 여신의 이미지를 사용하여 자연의 창조적인 힘을 표현하고, 이를 인간 이성의 파괴적인 힘과 대조합니다.

　괴테, 횔덜린, 셰익스피어는 모두 작품에서 개인주의와 자아실현을 강조했습니다. 니체의 철학 작품에서 흔히 볼 수 있는 니체의 격언적 기법은 그의 시에도 사용되었습니다.

　니체의 시는 종종 개인에 대한 이러한 초점을 반영하여 자기 창조를 위해 노력하고 사회적 규범과 기대를 극복합니다. 이 간결하고 수수께끼 같은 스타일은 그의 문학적 영향, 특히 격언적인 글쓰기로 유명한 괴테로부터 영감을 받았습니다. 또한 은유와 상징적 언어에 대한 니체의 성향은 셰익스피어의 시적이고 극적인 작품에 대한 그의 존경심에서 찾을 수 있습니다.

괴테와 횔덜린은 모두 감정, 상상력, 개인 경험의 우위를 중시하는 독일 낭만주의 운동의 저명한 인물이었습니다. 이 운동은 니체의 시적 비전, 특히 삶의 비합리적이고 혼란스럽고 감정적인 측면을 인간 존재의 본질로 여기는 디오니소스 정신에 대한 그의 개념에 영향을 미쳤습니다. 이러한 문학가들의 작품은 종종 전통적인 신념과 가치에 도전했으며, 니체는 이러한 경향을 자신의 시에서 수용했습니다.

그는 지배적인 규범과 전통에 의문을 제기하고 해체하여 가치에 대한 재평가와 새로운 가치의 창조를 주장했습니다.

chapter 3

니체 사상의 키워드 10

-10가지 키워드 요약

    니체의 철학은 복잡하고 다면적이기 때문에 10가지 키워드로 압축하기는 쉽지 않네요. 하지만 니체의 주요 주제와 개념을 바탕으로 니체의 사상을 설명하는 데 사용할 수 있는 10가지 키워드를 추려보았습니다.

1. **신은 죽었다** : 서구 문화, 특히 기독교의 전통적 토대가 신뢰성과 권위를 상실했다는 니체의 유명한 선언입니다.
2. **디오니소스와 아폴론** : 니체가 모든 인간의 문화와 예술에 존재한다고 믿었던 고대 그리스의 두 가지 상반된 힘입니다. 디오니소스적인 것은 혼돈, 비합리성, 본능을 나타내고 아폴론적인 것은 질서, 이성, 형식을 나타냅니다.
3. **주인도덕과 노예도덕** : 자존심, 용기, 탁월함을 중시하는 강하고 고귀한 자의 주인도덕과 겸손, 연민, 평등을 중시하는 약하고 억눌린 자의 노예도덕, 이 두 가지 유형의 도덕을 구분한 니체의 도덕체계입니다
4. **권력의지** : 니체는 모든 생명체가 자신의 힘을 주장하고 강화하려는 근본적인 욕구를 가지고 있으며, 종종 타인을 희생시키기도 한다는 개념을 제시했습니다.

5. 위버멘쉬(超人) : 평범한 인간 존재의 한계를 극복하고 자기 숙달과 창조력의 경지에 도달한 이상적인 인간에 대한 개념입니다.

6. 영원 회귀 : 시간은 순환하며 과거에 일어난 모든 일은 미래에도 다시 일어나 무한히 반복된다는 니체의 사상입니다.

7. 관점주의 : 니체는 객관적이거나 절대적인 진리는 존재하지 않으며 모든 지식은 주관적인 관점과 해석에 기초한다고 믿었습니다.

8. 모든 가치의 재평가 : 기존의 종교적, 사회적 구조가 훼손된 세상에서 전통적인 도덕적 가치는 더 이상 의미가 없으며, 인간의 행동을 인도하기 위해 새로운 가치를 만들어야 한다는 니체의 사상입니다.

9. 아모르 파티(Amor fati) : 자신의 운명을 사랑하거나 인생에서 일어나는 모든 일을 필요하고 가치 있는 것으로 받아들이는 사상입니다.

10. 허무주의를 대신하는 긍정 : 신과 전통적 가치에 대한 믿음의 상실로 인한 무의미와 절망의 현대적 상태에 대한 니체의 긍정적 의지론입니다.

니체가 말하는 "신은 죽었다"는 말의 의미는 무엇인가요?

 니체는 1882년에 출간한 저서 〈즐거운 지식〉에서 "신은 죽었다"고 최초로 선언했습니다. 이 선언은 현대 사회에서 종교의 쇠퇴와 인간 경험과의 관련성에 대한 비판이었습니다. 그는 이 선언적인 말을 통해 당시 서구 유럽의 종교적인 신념 상실에 정면으로 대응한 첫 번째 철학자였습니다.

 니체가 그 말을 통해 전하고자 한 것은 신이 효용가치를 상실했기 때문에 사회가 더 이상 신을 필요로 하지 않는다는 것이었습니다. 니체는 인류가 어떤 종류의 믿음이나 교리의 도움 없이 스스로 자립해야 한다고 주장했습니다. 이 말은 현대에 들어와 전통적인 기독교 신앙 체계가 쇠퇴하고 있다는 것을 의미합니다.

 니체의 "신은 죽었다"라는 문구는 종종 오해를 받습니다. 니체가 문자 그대로 신의 죽음을 믿었다는 뜻이 아니라 신이라는 관념이 사람들의 삶에서 힘과 영향력을 상실했다는 의미입니다.

 니체는 신의 죽음은 사람들에게 도덕적 나침반을 잃게 하여 인류의 몰락으로 이어질 것이라고 믿었습니다. 그는 전통 종교가 신에 대한 믿음에 기반을 두고 있으며 사람들을 거짓된 안전감으로 조종하는 데 사용된다고 믿었습니다.

또한, 사람들이 신이 없는 세상에서 의미와 목적을 찾기 위해 고군분투하면서 현대 세계는 허무주의와 절망감이 계속 커질 것이라고 예측했습니다. 그는 이러한 위기가 삶에 대한 새로운 인식과 새로운 가치의 발전으로 이어질 수도 있고, 허무주의와 자기 파괴로 떨어질 수도 있다고 주장했습니다.

니체는 삶에 고유한 의미나 목적이 없다고 믿는 허무주의의 위험성도 예견했습니다. 그는 신의 죽음이 인간 존재에 공허함을 남기고 일부 사람들이 허무주의를 받아들이게 할 수 있다고 믿었습니다. 이러한 위협을 극복하기 위해 그는 개인이 자신의 신념과 가치를 비판적으로 검토하고 종교적 권위에 근거하지 않는 새로운 의미 체계를 만들어야 한다는 '모든 가치의 재평가'를 주장했습니다.

니체는 실제로 예언자나 미래의 선견자라고 주장하지는 않았지만, 종교적 믿음의 쇠퇴가 가져올 수 있는 결과에 대한 몇 가지 통찰력을 제공했습니다. 전반적으로 인류의 미래에 대한 니체의 비전은 개인주의, 개인의 탁월성, 신이 없는 세상에서 새로운 가치를 추구하는 것이었습니다.

그의 사상은 당대에 논란이 많았고 오늘날에도 계속 논쟁의 대상이 되고 있지만, 그의 작품은 현대 철학과 문화 사상에 큰 영향을 미치고 있습니다.

니체의 철학은 삶의 의미와 목적을 달성하기 위한 수단으로써 개인의 권력에의 의지와 개인적 탁월함의 추구를 강조합니다. 그는 전통적인 도덕의 한계를 극복하고 자신만의 독특한 관점을 바탕으로 새로운 가치를 창조하는 새로운 유형의 인간 초인, 즉 '위버멘쉬'의 출현으로 인류의 미래가 형성될 것이라고 믿었습니다.

니체가 말하는 디오니소스와 아폴론적 지혜란 무엇인가요?

니체는 인간 본성의 이중성과 예술과 문화에서 이러한 가치의 역할을 이해하기 위해 그의 저서 〈비극의 탄생〉에서 디오니소스적 가치와 아폴론적 가치의 개념을 발전시켰습니다. 이 개념은 상반되면서도 상호 보완적인 특성을 지닌 것으로 여겨졌던 고대 그리스의 신 디오니소스와 아폴론에서 영감을 얻었습니다.

디오니시안은 포도주, 황홀경, 광기의 그리스 신 디오니소스의 이름을 딴 것으로, 자아와 자연의 경계를 모호하게 하고 전체와의 합일을 추구하는 매우 감정적이고 혼란스럽고 비이성적인 예술과 표현 형태를 나타냅니다. 디오니소스적 가치는 포도주, 다산, 황홀경의 신인 그리스 신 디오니소스와 관련이 있습니다. 이러한 가치관은 혼돈, 감정, 본능, 인간 본성의 비합리적인 측면을 강조합니다.

디오니소스적 가치는 인간의 원초적이고 길들여지지 않은 열정적인 면과 고통이 주는 변화의 힘, 정서적 해방이라는 카타르시스적 경험을 말합니다. 예술에서 디오니소스적 요소는 강한 감정적 반응을 불러일으키거나 음악의 힘을 강조하거나 인간 존재의 어두운 측면을 묘사하는 작품에서 볼 수 있습니다.

반면에 아폴론적 지혜는 이성과 빛, 예술의 신인 그리스 신 아폴론과 관련이 있는데 아폴론의 이름을 딴 아폴론적 예술은 명료성, 조화, 개성을 강조하는 차분하고 체계적이며 이성적인 형태의 예술과 표현을 나타냅니다.

아폴론적 가치는 질서, 합리성, 조화, 절제를 강조합니다. 이러한 가치는 구조를 만들고, 지식을 추구하며, 균형과 미적 아름다움을 추구하는 인간의 능력을 말합니다. 예술에서 아폴론적 요소는 형태, 대칭, 표현의 명확성을 강조하는 작품뿐만 아니라 이상화된 아름다움의 표현과 지적 이해의 추구에서도 찾아볼 수 있습니다.

니체는 디오니소스적 가치와 아폴론적 가치가 모두 문화의 발전과 위대한 예술의 창조에 필수적이라고 믿었습니다. 그는 이 상반된 힘 사이의 균형이 그리스 비극과 같은 최고의 예술적 표현을 낳을 수 있다고 주장했습니다. 또한 그는 이러한 이중성을 인간 본성의 근본적인 측면으로 보았으며, 개인은 질서와 혼돈, 이성과 감정의 두 극 사이에서 끊임없이 협상합니다.

니체의 디오니소스적 가치와 아폴론적 지혜의 개념은 인간 본성의 이중적 측면과 문화와 예술의 창조에 있어서의 역할을 나타냅니다. 디오니소스적 가치는 인간의 혼란스럽고 감정적이며 본능적인 측면을 강조하는 반면, 아폴론적 지혜는 이성적이고 질서정연하며 조화로운 측면에 초점을 맞추고 있습니다.

▶아폴론과 디오니소스

　　니체에 따르면 아폴론적 가치와 디오니소스적 가치는 모두 위대한
예술과 문화를 창조하는 데 필요합니다. 아폴론적 가치는 예술 창작
에 필요한 구조와 규율을 제공하고, 디오니소스적 가치는 원초적인
에너지와 영감을 제공합니다. 니체가 보기에 최고의 예술은 이 두 가
지 원칙이 조화롭게 통합된 결과물입니다. 그는 고대 그리스 비극이
디오니소스적 요소와 아폴론적 요소 사이의 균형을 이루었기 때문에
예술의 최고 형태라고 주장했습니다. 니체는 이러한 상반된 힘 사이
의 균형이 가장 심오하고 의미 있는 예술과 문화의 표현으로 이어질
수 있다고 믿었습니다.

　　니체는 이러한 원리가 고대 그리스에만 국한된 것이 아니라 모든
인류의 문화와 예술에 존재한다고 믿었습니다. 그는 이러한 상반된
힘 사이의 긴장을 인간 존재와 창의성의 근본적인 측면으로 보았습
니다. 니체는 아폴론적 원리와 디오니소스적 원리의 통합이 건강하고
균형 잡힌 개인과 사회를 발전시키는 데 필수적이라고 믿었습니다.

주인도덕과 노예도덕은 무슨 뜻인가요?

　니체는 그의 저서 〈도덕의 계보학(1887)〉에서 '주인도덕'과 '노예
도덕'의 개념을 소개했습니다. 이 두 가지 유형의 도덕은 니체가 역
사적으로 인간 사회의 발전을 형성했다고 믿었던 상반된 가치 체계
를 나타냅니다.

　주인도덕이란 지배자 도덕으로서 사회에서 강하고 강력하며 지배
적인 개인의 가치 체계입니다. 니체는 이러한 유형의 도덕성이 고대
사회의 고귀한 전사 계급에서 비롯되었다고 믿었습니다. 주인도덕은
힘, 자기주장, 용기와 같은 자질을 중시합니다.

　니체에 따르면, 귀족 계급은 자신의 경험과 관점을 바탕으로 자신
은 '선'으로, 약자는 '악'으로 간주하여 자신만의 가치관을 만들었습니
다. 이는 개인이 자신의 지배력을 주장하고 다른 사람에 대한 자신의
의지를 주장하고자 했던 고대 그리스 로마 문화와 관련이 있습니다.

　반면에 노예도덕은 사회에서 약하고 억압받고 소외된 사람들의 가
치 체계입니다. 니체는 이러한 유형의 도덕성을 기독교의 부상과 그
가치의 확산과 연관시켰습니다.

니체는 노예도덕을 장려하는 역할을 하는 기독교 성직자들을 특히 신랄하게 비판합니다. 기독교 성직자들이 강요하는 노예도덕은 겸손, 연민, 온유함 같은 자질을 중시합니다. 약자, 억압받는 자, 힘없는 자의 도덕은 분노와 시기심을 미덕으로 바꾸고, 자신의 가치를 다른 사람에게 강요하려고 하는 것입니다.

노예도덕에서 선과 악은 약자의 고통에 의해 정의되며, 강하고 힘 있는 사람은 부도덕하고 악한 것으로 간주됩니다.

니체는 주인도덕이 도덕의 원래 형태이며, 나중에 약하고 힘없는 사람들이 권력을 얻고 사회에 그들의 가치를 강요하기 시작하면서 노예도덕으로 대체되었다고 주장했습니다. 그에 따르면 노예도덕은 강자와 권력자에 대한 원한과 분노, 시기심에서 비롯된 결과입니다.

니체는 이 두 도덕 체계 사이의 긴장이 서구 문화와 사상의 발전에 큰 영향을 미쳤다고 믿었습니다. 그는 노예도덕이 현대 사회를 지배하고 영향을 미치게 된 방식에 대해 비판적이었으며, 그것이 삶을 부정하고 고통과 자기부정에 초점을 맞추게 되었다고 주장했습니다.

니체는 주인의 도덕성이나 노예의 도덕성 중 어느 쪽도 옹호하지 않고 오히려 두 제도를 모두 비판하면서 진정한 도덕성은 개인주의적이고 사회적 관습과 압력보다는 개인의 가치와 신념에 기반해야 한다고 주장했습니다.

니체가 말하는
권력에의 의지의 진정한 가치는 무엇인가요?

니체 철학에 따르면 권력에의 의지가 추구하는 진정한 가치는 개인의 창조적 잠재력의 발현과 성취, 한계 극복, 개인적 위대함의 성취입니다.

권력에의 의지는 모든 생명체에 활력을 불어넣고 더 높은 수준의 성취와 자아실현을 향해 나아가게 하는 근본적인 원동력입니다. 모든 생명체가 자신의 영향력을 주장하고 자신과 환경에 대한 지배를 달성하려는 내재적 욕구입니다.

이 개념은 개인이 최고의 자신이 되기 위해 노력하는 자기 극복에 대한 니체 사상의 핵심입니다. 쇼펜하우어적 삶의 의지와 니체의 권력에의 의지의 차이점은, 전자는 자기 보존을 위한 기본적인 본능인 반면, 후자는 개인이 새로운 도전을 추구하고 운명을 정복하도록 이끄는 보다 복잡하고 역동적인 힘이라는 사실에 있습니다.

쇼펜하우어 철학에 표현된 삶의 의지는 모든 생명체를 움직이는 주요 원동력입니다. 이는 자기보존 본능과 역경에 직면한 삶의 지속에 초점을 맞추고 있습니다.

삶의 의지는 권력에의 의지에 비해 더 기본적이고 반응적인 힘입니다. 삶의 의지는 모든 생물이 공유하는 기본적인 생물학적 욕구입니다. 이는 자신과 종족을 보존하고 고통과 고통을 피하려는 본능적인 충동입니다.

이와는 대조적으로 권력에의 의지는 인간과 다른 고도로 진화한 종에게만 있는 보다 복잡하고 역동적인 힘입니다.

니체는 다양한 사건, 특히 인간 행동을 설명하는 데 있어 자신의 권력에의 의지 개념이 쇼펜하우어의 삶의 의지보다 훨씬 더 유용하다고 생각합니다. 예컨대 니체는 금욕적인 삶을 부정하는 충동과 강한 삶을 긍정하는 충동, 그리고 주인과 노예의 도덕성을 모두 설명하기 위해 권력에의 의지를 사용합니다.

또한 그는 삶에 대한 의지가 단순한 보존과 번식으로 환원될 때 가장 낮은 수준의 권력에의 의지의 표현이라고 주장합니다.

권력에의 의지는 성장, 창의성, 자아실현과 관련이 있습니다. 권력에의 의지는 단순히 존재하는 것을 넘어 자신의 능력, 영향력, 전반적인 삶의 경험을 확장하고 향상시키기 위해 노력합니다.

권력에의 의지는 단순히 다른 사람을 지배하거나 외부 환경에 대한 통제권을 추구하는 것이 아닙니다. 오히려 자아실현과 개인의 창의적 잠재력 발현을 향한 추진력입니다. 한계를 극복하고 자신의 능력의 한계까지 자신을 밀어붙이고자 하는 욕망입니다.

일부 비평가들이 주장한 것처럼 권력에의 의지가 반드시 파괴적인 힘은 아닙니다. 오히려 개인이 새로운 가치를 창출하고 현대성의 허무주의적 경향을 극복할 수 있게 하는 긍정적이고 삶을 긍정하는 힘이 될 수 있습니다.

니체 철학에서 권력에의 의지는 고통과 역경을 넘어서 개인의 성장과 자기 극복을 위한 필수 요소입니다. 개인은 힘에 대한 의지를 통해 자신의 한계에 직면하고 이를 극복하기 위해 노력하며 궁극적으로 더 강하고 탄력적인 존재가 됩니다.

니체는 권력에의 의지를 받아들임으로써 보다 의미 있고 충만한 존재가 될 수 있다고 믿었습니다.

니체 철학에서 권력에의 의지는 그 자체가 목표가 아니라 목적을 위한 수단일 뿐입니다. 궁극적인 목표는 전통과 도덕의 제약으로부터 자유롭고 자신만의 가치와 삶의 의미를 창조할 수 있는 새로운 유형의 인간을 창조하는 것입니다.

니체가 말하는 위버멘쉬(초인)란 어떤 존재인가요?

위버멘쉬는 니체 철학의 개념으로 '초인', '초인간' 또는 '인간 너머'를 의미합니다. 평범한 존재의 한계와 기존의 도덕성을 초월한 이상화된 인간을 나타냅니다.

니체는 그의 저서 〈차라투스트라는 이렇게 말했다〉에서 이 개념을 소개하면서 현대 문화의 퇴폐와 허무주의를 극복하기 위해 인류가 스스로 설정해야 할 목표로 제시합니다. 위버멘쉬는 고정되고 구체적인 존재가 아니라 인간의 잠재력에 대한 열망이자 비전입니다.

니체는 전통적인 가치와 종교의 붕괴가 무의미함, 즉 허무주의로 이어진다고 믿었습니다. 위버멘쉬는 이러한 허무주의적 공허함을 극복하기 위해 자신만의 가치와 삶의 의미를 창조하고 세상과 자신의 존재를 온전히 포용합니다.

위버멘쉬는 모든 생명체의 원동력은 자신을 주장하고 숙달하려는 욕구인 권력에의 의지라는 것을 인식합니다. 이 힘을 활용하여 개인의 성장, 자기계발, 잠재력 실현을 위해 노력합니다.

위버멘쉬는 니체가 제한적이고 삶을 부정하는 것으로 간주한 기존의 도덕적 가치에 도전하고 이를 초월합니다. 이들은 사회적 규범이나 종교적 교리를 따르기보다는 생명, 개성, 탁월함의 추구를 기념하는 새로운 가치를 창조합니다.

위버멘쉬는 지상을 떠나 있는 초월자가 아니라 대지에서의 삶을 충실하게 살아가는 사람이라고 니체는 말합니다.

보라, 나는 그대들에게 위버멘쉬를 가르치노라

위버멘쉬는 대지를 의미한다

나의 형제들이여

내가 그대들에게 명하노니

대지에 충실하라

그대들에게 대지를 초월한 희망을 말하는 자들을 믿지마라!

그들이 의식적으로 행하든

무의식적으로 행하든

그들은 독을 타는 자들이다

-〈차라투스트라는 이렇게 말했다〉에서

위버멘쉬는 대지를 의미하고 힘에의 의지는 대지의 본능이라는 것입니다.

위버멘쉬는 무리의 전통적 가치와 도덕을 초월하여 자신의 힘과 창의성을 바탕으로 자신만의 가치를 창조하는 존재입니다.

위버멘쉬는 고정된 유형이나 우월한 인종이 아니라 자기 극복과 자기 창조의 과정입니다.

위버멘쉬는 원망이나 비관주의 없이 고통과 죽음을 포함한 모든 측면의 삶을 긍정할 수 있습니다.

또한, 위버멘쉬는 지금까지 일어났거나 일어날 모든 일이 순환하는 시간 속에서 무한히 반복된다는 니체의 교리인 동일한 것의 영원한 반복을 받아들일 수 있습니다.

니체는 존재가 무한히 반복되는 사건의 끝없는 순환이라는 영원 회귀 사상을 제안했습니다. 위버멘쉬는 이 개념을 받아들여 존재에 대한 궁극적인 긍정을 위해 있는 그대로를 무한히 반복할 수 있는 것처럼 삶을 살아갑니다.

즉, 위버멘쉬는 자신의 삶과 운명을 스스로 만들어가는 능동적인 창조자입니다. 그들은 운명을 수동적으로 받아들이는 것을 거부하고, 대신에 자신의 행동과 선택에 책임을 지며 자신의 가치와 이상을 반영하는 삶을 창조하기 위해 노력합니다.

위버멘쉬는 특정 인물이 아니라 인류가 지향해야 할 비전 또는 목표, 즉 인간의 의식과 잠재력의 진화에 대한 열망이라는 점에 유의하는 것이 중요합니다.

니체가 말하는 영원 회귀란 무엇인가요?

'영원 회귀' 또는 '영원한 반복' 개념은 우주와 모든 사건이 무한히 반복된다는 니체 철학의 중심 개념입니다. 이해하기 어려운 개념이지만 니체의 철학을 이해하는 데 있어 매우 중요한 개념입니다. 영원 회귀는 지금까지 일어났거나 일어날 모든 일이 순환하는 시간 속에서 무한히 반복된다는 것을 의미합니다.

밀란 쿤데라는 〈참을 수 없는 존재의 가벼움〉을 니체의 영원 회귀 사상에 대한 질문으로 시작하고 있습니다.

영원 회귀란 신비로운 사상이고, 니체는 이것으로 많은 철학자를 어리둥절하게 만들었습니다. 우리가 이미 겪었던 일이 어느 날 그대로 반복될 것이고, 이 반복 또한 무한히 반복된다고 생각하면— 이 어처구니없는 신화가 뜻하는 것이 무엇일까?

이 개념의 기원은 명확하지 않지만 고대부터 다양한 형태로 존재해 왔습니다. 스토아학파 같은 일부 고대 그리스 철학자들은 우주가 반복적인 변화의 단계를 거친다고 믿었습니다. 힌두교와 불교와 같은 다른 문화권에서도 '시간의 수레바퀴' 또는 '윤회'에 대한 유사한 개념을 가지고 있습니다. 불교에서 윤회는 깨달음을 통해 탄생, 죽음, 윤회의 순환에서 벗어나는 것이 궁극적인 목표인 더 큰 영적 체계의 일부로 간주됩니다.

하지만 니체 철학에서의 영원 회귀는 형이상학적이거나 영적인 개념이 아니라 순전히 물질적인 개념입니다. 그것은 우주의 순환적 본질과 그 안에서 일어나는 사건들을 설명하는 방식입니다.

니체의 영원 회귀란 우리의 모든 생각과 행동을 포함하여 우주에서 일어난 모든 일이 미래에 무한히 여러 번 다시 일어날 것이라는 개념입니다. 니체는 이 사상을 "가장 극단적인 형태의 허무주의"라고 설명했는데, 그 이유는 우리가 하는 어떤 일도 궁극적으로 사건의 진행 과정을 바꿀 수 없다는 것을 안시하기 때문입니다.

니체는, 우주는 유한한 에너지와 물질로 구성되어 있고 시간은 무한하다고 가정합니다. 결과적으로 물질과 에너지의 가능한 모든 구성은 결국 반복될 것입니다. 그러므로 니체의 영원 회귀는 자신의 삶과 운명을 받아들이는 것의 중요성을 강조합니다.

영원 회귀를 온전히 받아들이려면 개인은 자신의 삶과 그 안에서 일어나는 모든 일(기쁨과 고통 모두 포함)을 사랑하는 법을 배워야 합니다. 니체는 그것을 아모르 파티(운명의 사랑)라고 부릅니다.

운명에 대한 사랑은 운명론으로 귀착되는 것이기는 하지만 니체는 영원 회귀 사상을 삶을 온전히 받아들이고 우리에게 일어나는 모든 일, 심지어 고통스럽고 어려운 경험까지도 사랑하라는 부름으로 여겼습니다. 모든 일이 다시 일어날 것이라는 사실을 받아들임으로써 역설적으로 우리는 매 순간을 감사하고 후회 없이 사는 법을 배울 수 있습니다.

영원 회귀는 사람들이 영원히 반복할 수 있는 방식으로 행동함으로써 자신의 삶을 긍정하도록 도전합니다. 즉, 무한히 반복해야 한다는 것을 알면서도 진정성 있고 의미 있으며 자신의 가치에 충실한 삶을 추구하는 것입니다.

니체는 인생의 궁극적 무의미함에 대한 믿음인 허무주의를 극복하는 방법을 영원 회귀로 보았습니다. 영원한 반복과 자신의 삶이 반복해서 일어날 것이라는 생각을 받아들임으로써 개인은 자신의 존재에서 의미와 목적을 찾을 수 있습니다.

요약하면, 니체의 영원 회귀 개념은 지금까지 일어났거나 일어날 모든 일이 순환하는 시간 속에서 무한히 반복된다는 것입니다. 니체에게 있어 이 개념의 중요성은 선형적 시간, 진보, 도덕에 대한 기존의 관념에 도전한다는 데 있습니다. 영원 회귀는 권력에의 의지, 위버멘쉬, 허무주의와 같은 니체 철학의 다른 개념과도 관련이 있습니다.

이 설명은 니체의 영원 회귀에 대한 간단한 이해를 돕지만, 그의 철학은 복잡 미묘한 차이가 있다는 점에 유의하는 것이 중요합니다.

니체가 말하는 관점주의란 무엇인가요?

니체는 객관적이거나 절대적인 진리는 존재하지 않으며 모든 지식은 주관적인 관점과 해석에 기초한다고 믿었습니다. 니체의 관점주의는 여기서 출발합니다. 이 개념의 기원은 명확하지 않지만, 보편적이고 확실한 지식의 가능성에 의문을 제기한 프로타고라스, 몽테뉴, 라이프니츠 같은 다른 사상가들의 영향을 받았을 수 있습니다.

니체에게 있어 관점주의의 중요성은 그가 독단적이고 삶을 부정하는 것으로 간주하는 형이상학, 도덕, 종교에 대한 기존의 관념에 도전한다는 점입니다.

니체의 관점주의는 절대적 진리에 대한 거부에서 시작됩니다. 신, 이데아, 물자체 등 불변하는 가상에 진리가 있다고 주장하는 형이상학자들은 모든 가치들이 진리와 비진리로 대립한다고 믿습니다. 하지만 니체는 모든 지식은 인간의 지각과 경험이라는 렌즈를 통해 걸러진 것이라고 주장하며 객관적 실체 또는 절대적 진리라는 개념은 없다고 주장합니다.

이는 세상에 대한 우리의 이해가 본질적으로 주관적이며, 진리는 우리의 관점과 무관할 수 없다는 것을 의미합니다. 이 논리는 영원한 본질, 신의 계획이나 판단, 보편적인 도덕적 가치나 의무는 존재하지 않는다는 것을 의미합니다.

여기서 해석의 역할이 중요하게 됩니다. 객관적인 진실은 존재하지 않기 때문에 관점주의는 지식이 해석의 산물이라는 점을 강조합니다. 우리는 개인적인 관점을 통해 경험을 해석함으로써 세상에 대한 이해를 구성하고, 가능한 수많은 진리를 만들어냅니다.

현실은 주관적이기 때문에 주어진 문제나 주제에 대해 취할 수 있는 다양한 관점이 있습니다. 니체는 이러한 관점들이 모두 세상을 더 풍부하고 복잡하게 이해하는 데 기여하기 때문에 무척이나 유효하다고 믿었습니다. 어떤 해석에도 특권적 관점은 없습니다.

니체는 어떤 한 관점이 다른 관점보다 본질적으로 더 타당하거나 정확하다는 생각을 거부했습니다. 대신 그는 각 관점은 고유한 가정, 편견, 문화적 영향에 의해 형성된다고 믿었습니다.

니체는 관점주의가 독단주의와 경직된 사고방식을 극복하는 방법이라고 생각했습니다. 특정 문제에 대해 다양한 관점이 존재한다는 것을 인식함으로써 우리는 보다 열린 마음을 갖고 대안적인 관점을 기꺼이 고려할 수 있습니다.

인간의 지식에 대한 관점주의의 함의는 관점과 태도에 따라 긍정적이기도 하고 부정적이기도 합니다. 한편으로 관점주의는 자신의 지식과 가치에 대한 완전한 자유와 책임이 있으며, 해석과 평가에서 자신만의 의미와 진리를 창조할 수 있다는 것을 의미하기 때문에 해방과 권한을 부여하는 사고로 볼 수 있습니다.

반면에 관점주의는 객관적이거나 절대적인 실재나 진리에 접근할 수 없으며, 자신의 지식과 가치에 대해 결코 확신하거나 정당화할 수 없다는 것을 암시하기 때문에 마비되고 방향을 잃게 하는 사고로 볼 수 있습니다.

여기서 니체의 독특한 이론이 전개됩니다. 니체는 권력에 대한 인간의 욕망이 현실을 해석하는 원동력이라고 보았습니다. 권력에의 의지는 세상에 자신의 관점과 가치를 주장하려는 본능적인 욕구이며, 이는 우리가 경험을 해석하고 이해하는 방식을 형성합니다.

한마디로 니체 철학은 관점주의의 결과로써 하나의 객관적인 진리는 존재하지 않고 개인의 관점에 따라 다양한 진리가 존재한다는 상대주의를 지지합니다. 또한 니체는 다양한 관점과 가치관을 인정하고 존중하는 다원주의를 포용합니다.

니체의 관점주의를 극단적인 상대주의나 진리 자체를 부정하는 것으로 오해해서는 안 된다는 점에 유의할 필요가 있습니다. 그 대신 니체는 세계에 대한 우리의 이해를 형성하는 데 있어 개별 관점의 영향력을 인정하는 것이 중요하다는 점을 강조합니다.

니체는 어떻게 '모든 가치의 재평가' 작업을 수행했나요?

니체 철학의 중심 주제인 '모든 가치의 재평가'라는 개념은 유명합니다. 이 개념은 서구 문명의 전통적 가치가 그 의미를 상실했으며 현대 생활의 요구에 더 부합하는 새로운 가치를 창출하기 위해 재평가되어야 한다는 호기롭고 거창한 생각에 기반합니다.

니체는 기독교, 도덕, 이성 등 서구 문명의 전통적 가치에 대한 비판으로 재평가를 시작했습니다. 니체는 전통적인 가치 체계인 기독교 도덕, 이타주의, 연민, 죄책감, 죄, 자유의지, 초월성 등 당대의 지배적인 도덕적, 종교적 가치의 역사적, 심리적, 문화적 기원과 문제점을 자신의 작품 곳곳에서 폭로했습니다. 그는 기존 가치들이 나약함, 분노, 자기기만, 허무주의의 표현이라고 주장했습니다.

또한, 칸트의 범주적 정언명령과 같이 합리적이거나 보편적인 원칙에 도덕성의 근거를 두려는 철학적 시도에 도전했습니다.

니체는 이러한 가치에 대한 재평가를 거듭 제안했는데, 여기에는 가치의 의미를 급진적으로 변화시키는 것이 포함되었습니다. 그는 전통적인 가치가 뒤집어졌으며, 인간 본성과 세계에 대한 다른 이해에 기반한 새로운 가치를 만들어야 한다고 믿었습니다. 니체는 현대 삶의 핵심 문제로 여겼던 허무주의를 극복하기 위해서는 모든 가치에 대한 재평가가 필요하다고 믿었습니다. 그는 전통적 가치의 상실로 인해 사람들이 공허함과 단절감을 느끼고 있으며, 삶의 의미와 목적을 부여하기 위해서는 새로운 가치관이 필요하다고 주장했습니다.

니체는 계보학, 심리학, 언어학, 관점론 등 다양한 비평 방법을 사용해서 '모든 가치의 재평가' 작업을 해 나갔습니다.

니체는 삶과 그 도전, 기쁨, 고통에 대한 긍정적인 태도를 옹호했습니다. 그는 삶이 본질적으로 악하거나 무의미하다는 비관적 견해와 인간의 본능과 욕망을 부정하거나 평가절하하는 금욕주의적 이상을 거부했습니다. 그는 삶의 다양성, 복잡성, 창의성을 찬양하고 사람들이 각자의 개성과 독특함을 포용하도록 장려했습니다. 또한 건강, 힘, 활력의 가치에 대해서도 찬사를 보냈습니다.

니체의 새로운 가치관은 인간 삶의 근본적인 원동력이라고 믿었던 '권력에의 의지'라는 개념에 기반을 두고 있습니다. 그는 권력에의 의지를 새롭고 더 의미 있는 문화를 창조하는 데 활용할 수 있는 긍정적인 힘으로 보았습니다.

니체의 궁극적인 목표는 모든 가치에 대한 재평가를 바탕으로 새롭고 더 강력한 문화를 창조하는 것이었습니다. 그는 이 문화가 창의성, 힘, 활력을 특징으로 하며, 현대성의 요구에 더 적합한 새로운 인간 삶의 틀을 제공할 것이라고 믿었습니다.

니체가 말하는 아모르 파티(Amor Fati)란 무엇인가요?

아모르 파티는 라틴어로 '운명에 대한 사랑' 또는 '자신의 운명에 대한 사랑'을 의미합니다. 고통과 상실을 포함하여 자신의 삶에서 일어나는 모든 일을 선하거나 필요한 것으로 긍정하는 태도입니다.

이는 모든 것이 무한한 시간 동안 무한히 반복된다는 니체의 영원회귀 사상과 관련이 있습니다. 니체는 운명애를 허무주의를 극복하고 삶 전체를 포용하는 방법으로 보았습니다.

니체는 〈즐거운 지식〉에서 처음으로 '운명애(Amor fati)'를 공표했는데 니체가 운명애를 이야기한 아포리즘은 다음과 같습니다.

나는 아직 살아있다. 나는 아직 생각한다. 나는 아직 살아야만 한다. 아직 생각해야만 하니까. "나는 존재한다, 그러므로 나는 생각한다. 나는 생각한다, 그러므로 나는 존재한다." 오늘날에는 누구나 자신의 소망과 가장 소중한 생각을 감히 말한다. 그래서 나도 지금 내가 나 자신에게 이야기하고 싶은 것, 올해 처음으로 내 마음을 스쳐가는 생각, 앞으로의 삶에서 내게 근거와 보증과 달콤함이 될 생각에 대해 말하고자 한다. 나는 사물 안에 있는 필연적인 것을 아름답게 보는 법을 더 배우고자 한다. 그리하여 사물을 아름답게 만드는 사람 중 한 사람이 될 것이다. 네 운명을 사랑하라(Amor fati). 이것이 지금부터 나의 사랑이 될 것이다! 나는 추한 것과 전쟁을 벌이지 않으려다. 나는 비난하지 않으려다. 나를 비난하는 자도 비난하지 않으려다. 눈길을 돌리는 것이 나의 유일한 부정이 될 것이다! 나는 언젠가는 긍정하는 자가 될 것이다!

《즐거운 지식》 중에서

이 아포리즘의 제목은 '새해에'입니다. 니체는 새해 소망 겸 새해 결심을 밝히고 있습니다. 먼저 니체는 자신이 살아있음을 스스로 확인합니다. 그런데 그의 존재 의미는 현실을 받아들이는 것입니다.

니체는 말합니다. "현재 순간과 자신이 처한 상황이 달라지기를 바라지 말고 받아들이세요." 이는 인생의 좋은 경험과 나쁜 경험을 모두 받아들이고 그것이 개인의 성장과 발달에 필요하다는 것을 인정하는 것을 의미합니다.

니체는 개인이 자신의 운명에 대한 자기 연민과 원망의 감정을 이겨내야 한다고 믿었습니다. 아모르 파티를 받아들임으로써 이러한 부정적인 감정을 극복하고 자신의 삶, 선택, 행동에 대한 책임을 질 수 있습니다.

아모르 파티는 고난과 투쟁을 포함한 삶 전체를 긍정하는 것을 포함합니다. 니체는 피할 수 없는 도전과 고통에도 불구하고 열정과 기쁨으로 삶을 받아들이고 삶에 대해 "예"라고 말할 것을 촉구했습니다.

아모르 파티는 사회적 기대나 규범에 맞추려고 하지 않고 자신의 진정한 자아를 받아들이는 것입니다. 여기에는 자신의 강점, 약점, 고유한 자질을 인정하고 받아들이며 이를 최대한 활용하기 위해 노력하는 '진정한 나 되기'가 포함됩니다.

니체는 자신의 삶을 영원히 반복해야 하는 것처럼 살아야 한다고 제안했습니다. 그렇게 함으로써 개인은 자신의 경험을 받아들이고 최대한의 삶을 살도록 격려받게 될 것입니다.

니체는 그의 작품에서 아모르 파티를 이해하기 위한 구조화된 틀을 제공하지는 않았지만, 그의 운명에 대한 사랑의 철학은 그를 허무주의자가 아닌 긍정의 철학자로 만들어 주었습니다.

허무주의를 극복한 니체의 긍정적 의지론이 쇼펜하우어의 의지론과 다른 점은?

니체와 쇼펜하우어는 모두 의지의 본질에 대한 이론을 발전시킨 영향력 있는 철학자였습니다.

앞에서 살펴본 대로 니체는 쇼펜하우어를 접한 후에 문헌학에서 철학으로 방향전환을 할만큼 쇼펜하우어에게 빚진 바가 많습니다. 니체의 철학적 사유는 실제로 1865년 쇼펜하우어를 읽으면서 시작되었으며, 그의 젊은 시절 쇼펜하우어는 철학자가 가져야 할 것과 가져서는 안 될 것에 대한 그의 성숙한 개념에 영향을 미쳤습니다.

니체는 초기 저술에서도 쇼펜하우어와 완전히 동의하지는 않았지만, 그에게서 영감을 받은 매우 특이한 형이상학 이론과 암묵적인 '비극적 윤리'를 배경으로 삼습니다. 이를 위해 쇼펜하우어의 〈의지와 표상으로서의 세계〉를 살펴볼 필요가 있습니다.

쇼펜하우어의 의지 이론은 세계가 표상으로서의 세계와 의지로서의 세계라는 두 가지 측면으로 나뉜다고 가정하는 그의 형이상학 체계에 뿌리를 두고 있습니다.

쇼펜하우어는 표상으로서의 세계는 우리가 감각과 지성을 통해 인식하는 세계이고, 의지로서의 세계는 모든 것의 근간이 되는 내적 실재라고 가르칩니다.

쇼펜하우어에 따르면 의지는 만족할 줄 모르고 맹목적이며 비합리적인 힘으로 모든 존재를 끊임없이 만족을 위해 노력하게 만들며 종종 고통으로 이어집니다. 하지만 니체는 쇼펜하우어를 넘어서서 자신만의 의지 이론을 발전시킵니다.

니체의 의지 개념은 형이상학적 실체가 아니라 개인의 심리적 현상이라는 점에서 쇼펜하우어와 차이가 있습니다. 니체는 모든 인간 행동의 원동력으로 '권력에의 의지'를 가정했습니다. 이는 단순히 타인에 대한 권력을 획득하는 것뿐만 아니라 자기숙달, 창의성, 장애물 극복에 관한 것이기도 합니다. 그것은 삶, 성장, 발전에 대한 긍정입니다.

쇼펜하우어는 의지를 고통의 근원으로 보고 이 고통에서 벗어날 수 있는 유일한 방법은 의지를 부정하거나 부정하는 것이라고 믿었습니다. 그는 예술, 미적 관조, 금욕주의가 의지의 지배에서 일시적으로 벗어날 수 있다고 제안했습니다.

이와는 대조적으로 니체는 권력에의 의지를 개인의 성장과 자기 극복에 활용할 수 있는 긍정적인 힘으로 보았습니다. 그는 쇼펜하우어가 의지를 부정하는 것을 강조한 것을 비판하고 권력에의 의지를 수용하면 새로운 가치를 창출할 수 있으며, 개인이 자기숙달, 힘, 창의성을 구현하는 인물인 '위버멘쉬'가 될 수 있다고 주장했습니다.

쇼펜하우어의 도덕관은 모든 존재에 대한 의지의 영향력을 인식하면 타인에 대한 공감과 개인의 고통 감소로 이어질 수 있다는 믿음과 함께 연민에 뿌리를 두고 있습니다.

반면 니체에게 있어 권력에의 의지는 개인이 자신과 환경에 대한 지배, 통제, 숙달을 위해 노력하게 하는 인간 행동의 원동력입니다. 이러한 권력에의 의지는 물리적 힘이나 지배력뿐만 아니라 지적, 예술적, 정서적 힘도 포함합니다. 니체는 권력에의 의지가 모든 창의성과 혁신의 원천이며, 인간이 성장하고 진화하며 도전을 극복하게 하는 원동력이라고 믿었습니다.

전반적으로 두 철학자 모두 의지를 인간 본성의 중요한 측면으로 보았지만, 쇼펜하우어는 의지를 고통을 초래하는 파괴적이고 통제할 수 없는 힘으로 보는 반면, 니체는 개인의 성장과 성취를 위해 활용할 수 있는 긍정적이고 창의적인 힘으로 보았습니다.

chapter 4

니체의 대표작 10

-니체 철학의 방향타

　니체를 알아가는 가장 좋은 방법은 니체를 직접 읽는 것입니다. 하지만 초심자들이 니체의 저작을 읽고 바로 이해한다는 것은 그다지 쉬운 일이 아닙니다.
　《차라투스트라는 이렇게 말했다》는 대중에게 가장 인기있는 책인데 그 책을 끝까지 읽고 제대로 이해한 사람은 생각보다 드물지요.
　이번 장은 니체의 대표작 10편에 대한 진입로를 열어주는 작업이 될 것입니다.

비극의 탄생
(The Birth of Tragedy Out of the Spirit of Music, 1872)

〈비극의 탄생〉은 바젤 대학 고전 문헌학 교수로 재직 중이던 1872
년에 출간한 니체의 첫 번째 저서입니다. 이 책은 예술, 문화, 인간 존
재의 본질에 대한 니체의 초기 관심을 반영한 것으로 볼 수 있는데 리
하르트 바그너와의 우정, 아르투어 쇼펜하우어에 대한 존경, 고대 그
리스 문화와 신화에 대한 관심에서 영향을 받았습니다.

니체가 〈비극의 탄생〉을 집필하던 당시 독일은 급속한 산업화와 도
시화의 과정 속에서 사회, 문화적으로 큰 변화를 겪었습니다. 독일 사
회는 민족주의 의식이 팽배해졌고 고전 고대, 특히 고대 그리스에 대
한 관심이 높았습니다. 니체는 비극의 기원과 현대 사회와의 관련성
을 이해하고자 했으며, 〈비극의 탄생〉은 이러한 문화적 환경에 대한
반응으로 볼 수 있습니다.

책의 내용

이 책은 그리스 비극의 기원과 발전, 그리고 현대 음악극에서의 쇠
퇴와 재탄생을 탐구하는 극 이론 작품입니다. 〈비극의 탄생〉에서 니

체는 그리스 문화에서 대립하는 두 세력, 즉 아폴론적인 것과 디오니소스적인 것 사이의 이분법을 제시합니다.

니체는 질서, 이성, 아름다움을 상징하는 아폴론적인 것과 혼돈, 열정, 엑스터시를 상징하는 디오니소스적인 두 가지 예술 원리를 대조합니다. 그는 그리스 비극이 두 가지 요소를 조화롭게 결합하여 관객이 인간 감정의 모든 스펙트럼을 경험하고 모든 측면에서 삶을 긍정할 수 있도록 했기 때문에 최고의 예술 형식이라고 주장합니다.

니체는 이러한 균형을 이룬 초기 그리스 비극가로 아이스킬로스와 소포클레스를 꼽는 반면, 에우리피데스는 소크라테스적 합리주의를 비극에 도입하여 예술 형식의 쇠퇴를 가져왔다고 비판합니다. 니체는 또한 소크라테스 철학의 합리주의와 낙관주의가 비극적 문화의 붕괴와 도덕주의적이고 생명을 부정하는 세계관의 부상을 초래했다고 비판합니다. 그는 소크라테스 이전의 사상가들, 특히 헤라클레이토스가 존재에 대한 존재의 우위와 우주 질서에서 모순과 갈등의 역할을 인식한 것에 대해 찬사를 보냅니다. 또한 권력에의 의지, 영원 회귀, 허무주의와 같은 후대의 사상을 예견하기도 했습니다.

이 책은 니체와 동시대 사람들에게 너무 급진적이고 모호하며 도발적이라고 여겨져 대부분 무시당했습니다. 또한 파르지팔에 대한 니체의 비판에 배신감을 느낀 바그너와 니체 사이에 균열을 일으켰습니다.

하지만 이후 토마스 만, 제임스 조이스, 라이너 마리아 릴케, 마르틴 하이데거, 발터 벤야민, 미셸 푸코, 자크 데리다, 질 들뢰즈, 프리드리히 키틀러 등 20세기의 많은 영향력 있는 작가, 예술가, 사상가들로부터 인정과 찬사를 받았습니다. 또한 표현주의, 초현실주의, 모더니즘, 포스트모더니즘, 아방가르드 등 문학, 음악, 영화, 연극의 다양한 사조와 장르에 영감을 주었습니다.

책 엿보기

"존재와 세계가 영원히 정당화되는 것은 미적 현상으로서만 가능하다."

이 문장은 예술, 특히 비극적 예술이 인간 존재에 의미를 부여하고 세상의 고통을 정당화하는 데 필수적이라는 니체의 신념을 강조합니다.

"아폴론과 디오니소스 세력은 서로 끊임없이 긴장하고 있으며, 수세기 동안 서양 문화를 정의해 온 위대한 예술과 문학 작품이 탄생한 것은 바로 이 둘 사이의 긴장 때문이다."

여기서 니체는 예술을 이끄는 두 가지 중심적인 힘, 즉 아폴론적인

◀〈비극의 탄생〉 초판 표지

것(질서, 명료성, 개성)과 디오니소스적인 것(혼돈, 엑스터시, 통일성)을 소개합니다. 그는 이러한 힘의 상호작용이 예술의 진화를 이끈다고 주장합니다.

"비극적 예술가는 비극적 예술을 통해 모든 개별적인 삶은 멸망할 운명에 처해 있지만 파괴할 수 없는 전체의 일부라는 끔찍한 부담으로부터 자신의 존재를 구원한다."

이 문장에서 니체는 비극적 예술이 삶의 가혹한 현실을 직시하고 더 크고 영속적인 전체 안에서 자신의 위치를 인식함으로써 위안을 찾을 수 있게 해주므로 예술가와 관객 모두에게 치료적 기능을 제공한다는 것을 시사합니다.

인간적인, 너무나 인간적인
(Human, All Too Human, 1878)

이 책은 니체의 초기 작품에 영향을 준 유명한 작곡가이자 친구이자 스승인 리하르트 바그너와 니체가 헤어진 후인 1878년에 출판되었습니다. 또한 이 책은 니체가 건강이 좋지 않아 바젤 대학 교수직을 사임해야 했던 시기에 쓰여졌습니다.

니체는 고독과 깊은 성찰을 강요하는 다양한 질병에 시달렸으며, 건강 악화는 니체의 사상 발전에 영향을 미쳤습니다. 〈인간적인, 너무나 인간적인〉은 니체의 철학 발전에서 중요한 전환점이 되는 책입니다.

이 책은 니체가 낭만주의에서 벗어나 계몽주의 사상가들, 특히 이 책을 헌정한 프랑스 철학자 볼테르에 대한 그의 존경심을 반영합니다.

책의 내용

〈인간적인, 너무나 인간적인〉은 형이상학, 도덕, 종교, 예술, 사회, 문화 등 다양한 주제에 대한 격언, 관찰, 성찰을 모은 책입니다. 이 작품은 니체가 보다 자연주의적이고 회의적인 관점을 수용하면서 초기의 낭만적인 스타일에서 벗어난 것을 의미합니다.

총 3부로 구성되어 있으며, 첫 번째 파트인 '인간적인, 너무나 인간적인'에는 형이상학, 도덕, 종교, 예술, 문화, 사회, 심리학 등 다양한 주제에 대한 638개의 격언(짧고 재치 있는 관찰)이 담겨 있습니다.

두 번째 파트인 '다양한 의견과 격언'에는 비슷한 주제에 대한 408개의 격언이 더 있지만, 좀 더 비판적이고 회의적인 어조로 구성되어 있습니다.

세 번째 파트인 '방랑자와 그의 그림자'에는 고독, 자기인식, 자유, 행복이라는 주제를 탐구하는 350개의 격언이 포함되어 있습니다.

이 책은 니체가 이후 많은 작품에서 사용하게 될 아포리즘 스타일로 쓴 첫 번째 책입니다. 또한 쇼펜하우어의 비관주의와 바그너의 음악 드라마에 대한 청년기 동경에서 벗어나는 계기가 되기도 합니다.

이 책에서 니체는 '신의 죽음'을 확정하고 이 사상이 인간 존재에 미치는 영향을 탐구한 것으로 유명합니다. 니체는 형이상학적 체계가 객관적인 현실을 반영하는 것이 아니라 인간의 발명품이라고 주장하며 서양철학의 뼈대인 형이상학적 체계를 비판합니다.

또한, 니체는 전통적인 도덕적 가치에 도전하며 도덕적 가치가 절대적이기보다는 역사적, 문화적으로 우연적이라고 주장합니다.

〈인간적인, 너무나 인간적인〉은 철학, 심리학, 문화 이론에 지속적인 영향을 미쳤습니다. 형이상학, 도덕, 종교에 대한 비판은 많은 사상가와 예술가들에게 공감을 불러일으키며 실존주의, 포스트모더니즘, 비판 이론의 새로운 방향을 제시했습니다.

이 책은 장 폴 사르트르, 알베르 카뮈, 미셸 푸코, 자크 데리다, 아인 랜드 등 20세기의 많은 사상가와 작가들에게 영향을 미쳤으며 구스타프 말러, 토마스 만, 라이너 마리아 릴케, 헤르만 헤세 등 일부 예술가와 음악가에게도 영감을 주었습니다.

이 책은 서구 문화의 많은 통념과 가치에 도전하고 인간의 본성과 존재에 대한 새로운 관점을 제시하기 때문에 니체의 가장 접근하기 쉽고 영향력 있는 작품 중 하나로 꼽힙니다.

책 엿보기

"자신의 생각을 얼음 위에 올려놓지 못하는 사람은 분쟁의 열기에 뛰어들지 말아야 한다."

이 문장은 토론이나 의견 충돌이 있을 때 냉정하고 차분한 태도를 유지할 수 있어야 한다고 조언합니다. 자신의 주장을 발표할 때 침착하고 차분한 태도를 유지하지 못한다면 지적 토론에 적합하지 않을 수 있습니다. 니체는 생산적이고 의미 있는 대화에 참여하기 위해서는 감정에서 벗어나는 것이 중요하다고 강조합니다.

◀초판의 제목 페이지

"예술은 이 생에서 최고의 과제이자 진정한 형이상학적 활동이다."

니체는 예술을 삶의 평범하고 일상적인 측면을 뛰어넘는 초월적인 힘으로 보았습니다. 그는 예술이 인간 표현의 가장 높은 형태이며 형이상학적인 영역으로 연결되는 다리 역할을 하여 우리 자신과 세계에 대한 더 깊은 진리와 연결된다고 믿었습니다. 이러한 관점은 현실에 대한 이해를 형성하는 데 있어 창의성, 상상력, 미적 경험의 중요성을 강조합니다.

"허물을 벗지 못하는 뱀은 죽어야 한다. 자신의 의견을 바꾸지 못하는 마음도 마찬가지이며, 그 마음은 더 이상 마음이 아니다."

여기서 니체는 뱀이 허물을 벗는다는 은유를 사용하여 개인의 성장과 적응력의 필요성을 설명합니다. 뱀이 계속 살아 남기 위해서 낡은 허물을 벗어야 하는 것처럼, 개인은 지적, 정서적으로 성장하기 위해 자신의 신념과 의견을 바꾸는 데 개방적이어야 합니다. 적응을 거부하면 정체와 지적 죽음의 위험에 처하게 됩니다.

이 격언은 평생 동안 유연하고 열린 마음을 유지하며 새로운 아이디어를 수용하는 것이 중요하다는 것을 강조합니다.

아침놀
(The Dawn, 1881)

니체의 〈아침놀〉은 1881년에 출판된 책으로 다양한 철학적, 문화적 문제를 탐구하는 아포리즘입니다. 이 책은 니체가 작곡가 리하르트 바그너와 그의 사상에 대해 거리를 두던 시기에 쓰여졌습니다. 니체의 '중기'로 알려진 이 시기는 니체가 전통적인 철학적 구조에서 벗어나 보다 아포리즘적인 글쓰기 스타일을 채택한 시기입니다. 〈아침놀〉에서 니체는 기독교 도덕과 도덕적 절대자에 대한 사상을 비판하기 시작하는데, 이 사상은 이후 그의 작품에서 더욱 발전하게 됩니다.

책의 내용

이 책은 576개의 섹션으로 구성되어 있으며, 각 섹션은 도덕, 종교, 과학, 예술, 심리학에 이르기까지 다양한 주제에 대한 뚜렷한 통찰력을 제공합니다.

범주를 넓히면 다섯 개의 섹션으로 나뉘며 도덕의 본질, 도덕적 가치의 기원, 종교의 역할, 개인의 자기 수양의 중요성 등 다양한 주제에 대해 논의하면서, 짧고 종종 수수께끼 같은 진술이나 관찰을 담고 있습니다.

〈아침놀〉의 주요 주제와 사상은 다음과 같습니다.

기독교 도덕에 대한 비판 : 니체는 기독교 도덕이 일련의 잘못된 전제에 기반을 두고 있으며, 개인이 규정된 도덕규범을 따르기 위해 자연스러운 본능과 욕구를 억압하는 '무리 정신'을 초래했다고 주장합니다.

도덕의 계보학 : 니체는 도덕적 가치의 기원을 권력의 역학 관계와 이를 낳은 역사적 상황으로 추적하여 도덕을 이해하는 계보학적 방법을 개발하기 시작합니다. 이 방법은 훗날 그의 저서 〈도덕의 계보학〉에서 더욱 정교화됩니다.

자기 수양의 중요성 : 니체는 외부에서 강요된 도덕규범에 의존하기보다는 개인이 자신의 가치, 본능, 욕구를 수양해야 한다고 강조합니다.

〈아침놀〉은 기독교 도덕에 대한 비판과 개인의 자기 수양에 대한 강조는 전통적인 종교적 틀에 환멸을 느낀 많은 이들에게 공감을 불러일으켰습니다. 니체의 계보학적 도덕 이해 방식은 미셸 푸코와 같은 후대 철학자들에게도 깊은 영향을 미쳤으며, 이들은 자신의 연구에서 이러한 접근 방식을 채택하고 확장했습니다.

또한, 〈아침놀〉은 '신의 죽음'과 '위버멘쉬'와 같은 니체의 가장 유명한 사상의 토대를 마련했으며, 이는 〈차라투스트라는 이렇게 말했다〉와 〈선악을 넘어서〉와 같은 후기 작품에서 더욱 발전하게 됩니다.

전반적으로 〈아침놀〉은 니체의 초기 사상에서 출발하여 이후 그의 작품을 정의하게 될 많은 핵심 주제를 소개한다는 점에서 니체 철학에서 중요한 작품입니다. 이 책은 이후 세대의 철학자와 사상가들에게 지속적인 영향을 미쳤으며, 이들은 이 책의 도전적이고 도발적인 사상과 계속 씨름하고 있습니다.

책 엿보기

"모든 심오한 정신에는 가면이 필요하며, 더 나아가 모든 심오한 정신 주변에는 그가 말하는 모든 말, 그가 내딛는 모든 발걸음, 그가 주는 모든 삶의 표시에 대한 끊임없이 거짓된, 즉 얕은 해석 덕분에 가면이 계속 성장하고 있다."

니체는 깊은 사상가와 심오한 영혼은 자신의 말, 행동, 표현이 다른 사람들에게 종종 잘못 해석되는 방식으로 인해 필연적으로 '가면'을 갖게 된다고 말합니다. 이 가면은 심오한 정신이 자신의 진정한 의도와 생각이 종종 오해받는 세상을 헤쳐나갈 수 있도록 보호막 역할을 합니다. 니체의 '가면' 개념은 그의 철학에서 반복되는 주제로, 개인

의 진정한 본성과 사회의 기대 사이의 긴장을 상징합니다.

"나는 깊은 곳으로 내려갔고 바닥에 구멍을 뚫었으며, 우리 철학자들이 수천년 동안 신봉해 온 낡은 신념을 조사하고 파고들기 시작했다. 철학자들은 이 낡은 신념이 가장 확실한 지반인 것처럼 그 위에 철학을 세우곤 했다. 그러나 그 위에 세워진 모든 건축물은 거듭 붕괴되었다. 나는 도덕에 대한 우리의 신뢰를 파괴하기 시작했다."

이 인용문은 니체가 지적 유연성과 적응력의 중요성을 강조한 것을 잘 보여줍니다. 니체에게 있어서 사고의 정체와 경직은 지성의 죽음으로 이어지며, 진정으로 살아있는 정신은 새로운 생각과 경험을 접할 때 기꺼이 자신의 견해를 바꿀 수 있어야 합니다.

"행복이란 무엇인가? 힘이 커지고 있다는 느낌, 저항이 극복되었다는 느낌이다."

이 문장에서 니체는 행복을 '힘이 커지고 저항이 극복되는 느낌'이라고 자신만의 정의를 내립니다. 이러한 관점은 인간 삶의 원동력으로서 힘의 역학 관계와 힘에 대한, 의지에 대한 그의 광범위한 철학적 초점을 반영합니다.

니체는 행복을 도전을 피하거나 전통적인 도덕적 가치를 고수함으로써 얻을 수 있는 만족의 상태가 아니라 투쟁과 자기 극복의 부산물로 보았습니다.

즐거운 지식
(The Joyful Wisdom, 1882)

〈즐거운 지식〉은 도덕, 종교, 문화, 과학, 예술, 심리학 등 다양한 주제가 담긴 니체의 1882년 저서입니다.

이 책은 철학에 대한 자연주의적이고 회의적인 접근이 특징인 니체의 중기 시작을 알립니다. 또한 바그너와의 결별과 루 살로메가 니체의 청혼을 거절한 이후 질병과 우울증에 시달리던 니체의 개인적인 회복 과정을 그리고 있습니다.

니체는 인생의 개인적 위기의 시기에 〈즐거운 지식〉을 집필했습니다. 1881년, 그는 정신 쇠약으로 몇 달 동안 글을 쓸 수 없었습니다. 회복한 후 그는 존재의 본질과 인간의 삶에서 예술과 창의성의 역할에 대한 자신의 생각을 탐구하는 방법으로 〈즐거운 지식〉을 작업하기 시작했습니다.

이 책은 니체의 가장 접근하기 쉽고 영향력 있는 작품 중 하나로 꼽히며, 그의 가장 잘 알려진 사상을 담고 있습니다.

책의 내용

〈즐거운 지식〉은 383개의 격언과 시로 구성된 작품으로, 다섯 권의 책과 부록으로 나뉘어 있습니다. 이 책은 진리의 본질, 신의 죽음, 존재의 의미, 인간의 삶에서 예술과 창의성의 역할, 삶의 어려움을 포용하는 것의 중요성 등 다양한 주제를 탐구하는 일련의 격언과 짧은 에세이를 중심으로 구성되어 있습니다.

제목은 쇼펜하우어의 비관주의와 대조적으로 삶을 긍정하는 관점을 수용하려는 니체의 시도를 표현하고 있습니다. 이 책은 신의 죽음, 영원 회귀, 개인의 자기 극복의 중요성 등의 주제를 탐구합니다.

또한 개인이 자신의 환경을 받아들이고 그에 따라 삶을 형성하도록 장려하는 운명 사랑, 즉 운명에 대한 사랑이라는 개념도 소개합니다. 그리고 "신은 죽었다"라는 유명한 문구가 처음 등장하고 있습니다.

부처님이 죽은 후 사람들은
그 후 수 세기 동안 그의 그림자를 보여주었습니다.
거대한 무서운 그림자를 보았습니다. 신은 죽었습니다:
그러나 인류가 구성됨에 따라
아마도 수천 년 동안 동굴이 있을 것입니다.
사람들은 그의 그림자를 보여줄 것입니다.
여전히 그의 그림자를 극복해야 합니다!

'신의 죽음'이란 이 개념은 니체의 가장 유명한 사상 중 하나로, 초월적인 신에 대한 믿음은 더 이상 지속될 수 없으며 신적 권위에 기반한 전통적인 도덕은 쓸모없다는 것을 시사합니다.

니체는 자기 변화의 중요성과 자신의 한계와 약점을 극복해야 할 자기 극복의 필요성을 강조합니다. 그는 개인이 도전을 받아들이고 장애물을 극복하면서 최고의 자아가 되기 위해 노력해야 한다고 주장합니다.

책 엿보기

"나를 죽이지 못하는 것은 나를 더 강하게 만든다."

이 명언은 회복탄력성과 역경 극복의 힘에 대한 니체의 믿음을 요약합니다. 니체는 도전에 직면하고 극복하는 것이 오히려 개인을 더 강하고 유능하게 만들 수 있다고 말합니다. 어려움에 직면함으로써 사람은 더 큰 힘과 인격을 계발할 수 있습니다.

"춤추는 별을 탄생시키기 위해서는 내면에 혼돈이 있어야 한다."

이 문장에서 니체는 자기 본성의 혼란스러운 측면을 포용할 필요성을 강조합니다. 그는 내면의 혼돈을 받아들여야만 위대함, 창의성,

변화를 일으킬 수 있다고 말합니다. '춤추는 별'은 이 과정에서 생겨날 수 있는 아름다움과 광채의 잠재력을 상징합니다.

"신은 죽었다. 신은 여전히 죽었다. 그리고 우리가 그를 죽였다."

이 도발적인 말은 니체의 가장 잘 알려진 사상 중 하나입니다. 그는 전통적이고 전지전능하며 도덕적인 신에 대한 믿음이 과학, 철학, 근대성에 의해 약화되어 인류가 자신의 가치와 도덕성에 대해 고민하게 되었다고 주장합니다.

니체는 이제 인류는 신적 권위의 인도 없이도 스스로 가치를 창조하고 세상에서 의미를 찾아야 한다고 주장합니다.

"위대한 고통만이 정신의 궁극적인 해방자이다. …그런 고통이 우리를 '더 나은 사람'으로 만드는지는 의심스럽지만, 그것이 우리를 더 심오하게 만든다는 것은 안다."

니체는 고통, 고난, 역경은 단순히 견뎌야 하는 것이 아니라 개인의 인격과 삶에 대한 인식을 발전시키는 데 더 큰 목적을 달성할 수 있다고 주장했습니다. 그는 고통이 반드시 도덕적인 의미에서 우리를 '더 나은 사람'으로 만든다고 주장한 것이 아니라, 고통이 자신과 세계에 대한 더 깊은 이해로 이어져 우리를 더 '심오한 사람'으로 만들 수 있

◀〈즐거운 지식〉 표지

다고 주장했습니다.

　이 개념은 고난을 통한 자기 극복과 성장의 중요성을 강조하는 그의 광범위한 철학과 일치합니다.

차라투스트라는 이렇게 말했다
(Also sprach Zarathustra:1883~1891)

〈차라투스트라는 이렇게 말했다〉는 1883년에서 1891년 사이에 네 번에 걸쳐서 출판되었으며, 당시의 전통적인 철학 저술에서 크게 벗어난 작품입니다. 니체는 이 작품을 내러티브 구조와 시적 언어를 갖춘 철학 소설로 썼으며, 이를 통해 복잡한 주제와 사상을 보다 접근하기 쉬운 방식으로 탐구할 수 있었습니다.

명목상으로는 고대 페르시아 조로아스터교의 창시자인 역사적 인물 조로아스터가 주인공이지만, 니체 자신의 사상을 대변하는 인물로 사용되었습니다. 이 책은 고대 그리스 비극과 성경의 예언에 영향을 받아 고도로 은유적이고 격언적인 문체로 쓰여졌습니다.

책의 내용

이 책은 차라투스트라의 연설과 다양한 인물들과의 대화, 시적이고 서정적인 구절들로 구성되어 있습니다. 이 책의 주요 주제는 전통적인 도덕과 종교에 대한 비판, 위버멘쉬(우월한 인간, 무리의 사고

방식을 초월하여 자신만의 가치를 창조하는 인간) 개념, 영원 회귀(우주의 모든 사건이 주기적으로 반복되는 것), 권력에의 의지(모든 생명체가 저항을 극복하고 영향력을 확대하려는 근본적인 추진력) 등입니다.

이야기는 일련의 연설과 담론으로 나뉘며, 차라투스트라는 도덕, 종교, 자기 극복, 존재의 본질 등 다양한 주제에 대한 자신의 생각과 성찰을 공유합니다.

〈차라투스트라는 이렇게 말했다〉의 주요 주제와 사상은 다음과 같습니다.

위버멘쉬(초인) : 니체는 인류가 지향해야 할 목표로 위버멘쉬의 개념을 소개합니다. 위버멘쉬는 전통적인 도덕의 제약을 초월하여 개인의 창의성, 힘, 자기 통달에 기반한 새로운 가치관을 수용한 개인입니다.

영원 회귀 : 이 개념은 우주와 그 안의 모든 사건이 순환 패턴으로 무한히 반복된다고 가정하는 이 책의 핵심 개념입니다. 니체는 이 개념을 통해 모든 행동과 선택이 영원히 반복되는 것처럼 삶을 살도록 개인에게 도전하며, 진정성 있는 삶과 위대함을 향한 노력의 중요성을 강조합니다.

신의 죽음 : 니체는 19세기 유럽에서 종교적 신념의 쇠퇴와 세속주의의 부상을 반영하여 '신은 죽었다'고 선언한 것으로 유명합니다. 이 사상은 위버멘쉬의 등장과 관련이 있는데, 신이 죽으면 전통적 가치

에 공백이 생기고 이를 스스로 결정한 새로운 도덕으로 채워야 하기 때문입니다.

권력에의 의지 : 이 개념은 니체 철학 전반의 핵심이며 자기 극복 및 위버멘쉬 사상과 밀접하게 연관되어 있습니다. 권력에의 의지는 모든 인간의 행동, 야망, 창의성의 원동력이며, 개인이 위대함을 성취할 수 있는 것은 이러한 의지의 긍정과 발산을 통해서입니다.

니체가 말하는 3단계 변신이야기 - 낙타, 사자, 어린이

니체는 〈차라투스트라는 이렇게 말했다〉에서 정신의 세 가지 변신에 대한 이야기를 합니다. 이 이야기에서 낙타, 사자, 어린이의 은유를 사용하여 니체가 이상적인 상태로 간주하는 자유와 창의성을 향한 철학적, 심리적 발달 단계를 설명합니다.

낙타 : 변화의 첫 번째 단계인 낙타는 큰 짐을 기꺼이 지고 의무와 책임을 추구하며, 전통과 사회적 규범을 존중하는 정신을 상징합니다. 낙타는 세상의 지혜의 무게를 등에 짊어지고 싶어 합니다. 이 단계는 규율, 자기 부정, 도덕적, 사회적, 문화적 법칙에 대한 엄격한 순종의 단계입니다.

사자 : 다음 단계는 자유와 독립을 주장하고자 하는 사자 단계입니다. 사자는 낙타가 가지고 있던 전통적인 규범과 가치에 얽매이는 것

을 거부함으로써 자유와 자신의 세계를 정복하고자 합니다. 사자가 외치는 '신성한 아니오'는 더 이상 만족스럽지 않은 전통과 낡은 가치에 대한 선전포고입니다. 따라서 사자는 순응과 사회가 강요하는 가치에서 벗어나 새로운 가치를 위한 공간을 창출하는 데 필요한 개인의 힘을 상징합니다.

어린이 : 마지막 단계는 아이로, 사자가 낡은 가치를 부정하고 새로운 가치를 창조하는 새로운 시작을 상징합니다. 아이는 놀이의 정신, 즉 자발적으로 스스로 창조하고 스스로 가치를 부여하는 존재를 의미합니다. 니체는 이 단계에서 낡고 전통적인 가치에 얽매이지 않는 자유와 창의성의 경지에 도달한 정신의 가장 높은 형태를 봅니다. 아이는 '신성한 예'라고 말하며 자신의 새로운 게임과 새로운 가치를 긍정합니다.

이 단계는 사회적, 도덕적 규범에 대한 무비판적 수용(낙타)에서 이러한 규범에 대한 적극적인 반항(사자)을 통해 창의적 자기 결정(어린이)으로 나아가는 변화의 과정을 나타냅니다.

이 이야기는 자기 극복, 도덕에 대한 비판, 신의 죽음, 삶에 대한 긍정이라는 니체의 광범위한 주제를 말하고 있습니다.

미래 세대에 미치는 영향

〈차라투스트라는 이렇게 말했다〉는 철학, 문학, 심리학, 예술 등 다양한 분야에 깊은 영향을 미쳤습니다. 이 책은 파격적인 스타일, 도발적인 아이디어, 도전적인 주제로 찬사와 비판을 동시에 받아왔습니다.

주목할 만한 영향은 다음과 같습니다.

실존주의 : 신의 죽음, 진정성의 중요성, 개인이 자신의 가치를 창조해야 한다는 니체의 사상은 장 폴 사르트르와 알베르 카뮈와 같은 사상가들을 포함한 실존주의 운동의 토대를 마련했습니다.

모더니즘과 포스트모더니즘 : 이 책의 실험적인 스타일과 자기 극복, 개인주의, 전통적 가치의 죽음이라는 주제는 제임스 조이스, 토마스 만, 사무엘 베케트 등 모더니즘과 포스트모더니즘 운동의 많은 예술가와 작가들에게 공감을 불러일으켰습니다.

심리학 : 개인의 심리적 욕구와 권력에의 의지의 역할에 대한 니체의 강조는 정신분석학의 발전과 지그문트 프로이트, 칼 융과 같은 심리학자들의 연구에 영향을 미쳤습니다.

대중문화 : 위버멘쉬의 개념과 자기 극복에 대한 아이디어는 슈퍼맨과 같은 만화책 슈퍼히어로로부터 동기 부여에 이르기까지 대중문화의 다양한 측면에 적용되었습니다.

20세기 이후 많은 예술가, 철학자, 정치 운동에 영감을 준 니체의 가장 영향력 있고 논란의 여지가 많은 작품 중 하나로 꼽힙니다.

▲실스마리아의 니체 바위

▲〈차라투스트라는 이렇게 말했다〉
첫 번째 3권 에디션의 제목 페이지

책 엿보기

"인간의 위대함은 그가 목적이 아니라 다리라는 데에 있다. 인간에게서 사랑받을 만한 점은 그가 건너가는 존재이자 내려가는 존재라는 데에 있다. 나는 사랑하노라. 하강하는 자로서가 아니라면 달리 살 줄 모르는 사람들을."

니체는 사람들이 삶의 새로운 의미와 목적을 찾기 위해 고군분투하는 가운데 이러한 가치의 침식이 인간 존재의 공허로 이어질 것이라고 믿었습니다.

"인간은 극복해야 할 대상이다. 인간을 극복하기 위해 당신은 무엇을 했는가?"

이 문장은 니체가 위버멘쉬라는 개념을 소개하는 '차라투스트라는 이렇게 말했다'의 중심 주제입니다. 위버멘쉬는 전통적인 인간의 가치와 도덕을 초월하여 새로운 가치를 창조하는 더 높은 존재 상태를 나타냅니다. 니체는 인류가 현재의 한계를 넘어 진화할 수 있는 잠재력을 가지고 있으며, 개인은 이 높은 상태에 도달하기 위해 자신을 극복하기 위해 노력해야 한다고 믿었습니다.

"나는 너에게 위버멘쉬를 가르친다. 인간은 극복해야 할 존재다. 그대는 인간을 극복하기 위해 무엇을 했는가? 지금까지 모든 존재는 스스로를 뛰어넘는 것을 창조했는데, 너는 이 대홍수의 썰물이 되어 인간을 극복하지 않고 짐승으로 돌아가고 싶으냐?"

이 문장은 인류가 현재의 상태를 넘어 새로운 가치를 창조해야 할 필요성을 강조합니다. 니체는 독자들에게 현재에 만족하지 말고 더 큰 것을 열망하며 자신의 내재적 한계를 극복하라고 합니다. 그리고 더 원시적인 상태로 회귀하는 것을 경고하고 더 높은 목적을 추구하도록 장려합니다.

이 세 문장은 신의 죽음, 위버멘쉬 개념, 새로운 가치와 목적을 창출하기 위한 인간의 한계 극복의 중요성 등 〈차라투스트라는 이렇게 말했다〉에 담긴 니체 철학의 핵심적인 측면을 보여줍니다.

선악을 넘어서
(Beyond Good and Evil, 1886)

〈선악을 넘어서〉는 1886년 니체의 인생 후반기에 출간되었습니다. 전작 〈차라투스트라는 이렇게 말했다〉에서 발전시킨 사상을 다루고 있지만 좀 더 논쟁적인 접근 방식을 취하고 있습니다. 도덕, 종교, 문화, 사회에 대한 니체의 견해를 제시하고 있는데, 그의 가장 중요한 작품 중 하나로 간주됩니다.

역사적으로 이 책은 유럽의 지적, 문화적 변화의 시기, 즉 '세기말' 또는 '종말'로 알려진 시기에 쓰여졌습니다. 이 시기는 도덕, 종교, 사회에 대한 전통적인 관념이 도전받고 새로운 철학과 이데올로기가 등장하던 시기였습니다. 니체는 이러한 지적 운동의 핵심 인물 중 한 명이었으며, 〈선악을 넘어서〉는 도덕에 대한 전통적인 관념에 도전하고 개인주의, 창의성, 자기표현에 기반을 둔 새로운 철학을 창조하려는 니체의 시도가 보여집니다. 이 책은 19세기 유럽의 전통적인 종교적, 도덕적 가치의 쇠퇴, 회의주의와 허무주의의 부상, 다원주의 및 기타 과학적 사상의 지적 영향력 증가 등을 다루고 있으며 니체 철학의 최고봉을 이루는 작품으로 평가받고 있습니다.

책의 내용

〈선악을 넘어서〉에서 니체는 전통적인 서양철학 사상, 특히 진리, 도덕, 형이상학에 대해 비판합니다. 이 책은 지식의 본질, 권력에의 의지, 종교의 역할, 예술의 중요성 등 다양한 주제를 다루는 9개의 챕터, 296개의 격언으로 구성되어 있습니다.

이 책은 일반적으로 '철학자'라고 불리는 사람들의 결함을 폭로하고 '새로운 철학자'의 자질인 상상력, 자기주장, 위험, 독창성 및 '가치 창조'를 식별합니다. 첫 번째 장은 "철학자들의 편견에 대하여"라는 제목으로, 전통적인 철학적 사상을 비판하고 인간 경험의 현실에 근거한 새로운 철학 접근 방식을 촉구합니다.

이 책은 도덕의 본질, 사회에서 종교의 역할, 권력에의 의지 개념, 창의성과 자기표현의 중요성 같은 주제를 다룹니다. 니체는 도덕성에는 주인의 도덕성과 노예의 도덕성이라는 두 가지 유형이 있다고 주장합니다. 주인 도덕성은 힘, 용기, 고귀함과 같은 가치를 특징으로 하는 반면, 노예 도덕성은 연민, 겸손, 친절과 같은 가치를 강조합니다.

그는 서구 사회에서 지배적인 도덕적 가치는 노예도덕에 뿌리를 두고 있으며, 이는 나약함과 분노의 산물이라고 주장합니다. 책 전반에 걸쳐 니체는 전통적인 사상과 신념에 도전하며 개인주의, 창의성, 자기표현에 기반한 새로운 철학에 대한 비전을 제시합니다.

〈선악을 넘어서〉에는 니체 철학의 핵심 주제에 대한 검증작업이 철저하게 이루어지고 있습니다.

〈선악을 넘어서〉가 미래 세대에 미친 영향은 상당했습니다. 이 책은 전 세계의 철학자, 학자, 학생들이 널리 읽고 연구했으며 현대 철학, 특히 실존주의와 포스트모더니즘의 발전에 지대한 영향을 미쳤습니다.

대중들에게는 〈차라투스트라는 이렇게 말했다〉가 니체의 대표작으로 알려져 있으나 실제 니체 전공자들은 〈선악을 넘어서〉를 대표작으로 꼽는 사람들이 많습니다.

권력에의 의지, 신의 죽음, 개인주의와 창의성의 중요성에 대한 니체의 사상은 현대 미술, 문학, 음악 등 다양한 문화 및 지적 운동에도 영향을 미쳤습니다. 전반적으로 〈선악을 넘어서〉는 철학과 지적 사상의 역사에서 중요하고 영향력 있는 작품으로 남아 있습니다.

책 엿보기

"괴물과 싸우는 자는 스스로 괴물이 되지 않도록 조심해야 한다. 그리고 네가 심연을 오래 바라보면 심연도 너를 바라볼 것이다."

이 격언은 적과 갈등이나 투쟁을 벌일 때 적과 같은 파괴적인 특성을 취하지 않도록 주의해야 한다는 것을 암시합니다. 적과 맞서는 과

정에서 자신의 가치와 원칙을 잃을 수 있기 때문입니다.

인용문의 두 번째 문장에서 니체는 어둠이나 혼돈에 머무르면 바로 그 어둠이 우리 자신의 영혼에 들어와 세상을 바라보는 관점이 바뀔 수 있음을 상기시킵니다.

"사랑으로 행해지는 일은 언제나 선과 악을 넘어 일어난다."

이 인용문은 진정한 사랑에서 비롯된 행동은 선과 악이라는 전통적인 도덕적 이분법을 초월한다는 것을 의미합니다. 니체는 사랑이 개인으로 하여금 전통적인 도덕을 무시하는 방식으로 행동하게 만들 수 있으며, 이러한 행동은 전통적인 도덕 기준으로만 판단해서는 안 된다고 믿었습니다. 그 대신 그러한 행동의 의미와 가치는 그 행동에 영감을 준 진정한 사랑에 있습니다.

"모든 심오한 사상가는 오해를 받는 것보다 이해받는 것을 더 두

려워한다."

이 인용문은 심오한 사유를 하는 지식인이나 철학자의 취약성을 강조합니다.

이 말은 진정으로 이해받는 것이 오해받는 것보다 더 불안할 수 있다는 것을 시사하는데, 이는 사상가의 진정한 생각과 신념이 면밀한 조사, 비판, 조작 가능성에 노출될 수 있기 때문입니다. 반면에 오해는 모호함의 여지를 남기고 판단으로부터 안전하다는 느낌을 줍니다.

이해받는 것에 대한 이러한 두려움은 인간 사고의 복잡한 본질과 심오한 아이디어를 효과적으로 전달해야 하는 어려움을 강조하기도 합니다.

도덕의 계보학
(On the Genealogy of Morality, 1887)

〈도덕의 계보학〉은 1887년 그의 도덕성 비판의 주요 주제를 소개한 전작 〈선악을 넘어서(1886)〉의 후속작으로 출간되었습니다. 이 책은 서문과 세 개의 에세이로 구성되어 있으며 죄책감, 나쁜 양심, 금욕주의와 같은 중심적인 도덕 개념의 역사적 발전을 추적합니다.

19세기 후반은 전통적인 사회적, 종교적 가치가 새로운 아이디어와 발견에 의해 도전을 받고 있었습니다. 니체의 책은 이러한 변화에 대한 대응이자 당대에 널리 퍼져 있던 도덕적 가치에 대한 비판으로 볼 수 있습니다. 그는 특히 기독교가 유럽 문화에 미친 영향에 대해 비판적이었는데, 그는 기독교가 나약함과 자기 부정을 조장하는 것으로 보았습니다.

이 책은 기독교와 서구 도덕의 기초에 도전하고 도덕적 가치 뒤에 숨겨진 동기와 편견을 드러내는 계보학적 방법을 제시한다는 점에서 니체의 가장 영향력 있고 논쟁적인 작품 중 하나입니다.

책의 내용

이 책은 세 편의 에세이로 구성되어 있습니다.

첫 번째, "선과 악, 좋은 것과 나쁜 것(Good and Evil, Good and Bad)"에서는 서로 다른 방식으로 도덕적 평가를 형성해 온 두 쌍의 반대 개념의 기원을 살펴봅니다. 이 글에서 니체는 강자의 '주인도덕'과 약자의 '노예도덕'을 구분합니다. 그는 힘, 건강, 자존심과 같은 강자의 가치가 겸손, 동정심, 자기희생과 같은 약자의 가치로 대체되었다고 주장합니다.

두 번째, "죄책감, 나쁜 양심 그리고 관련 문제"에서는 죄책감과 부채의 연관성, 그리고 죄책감의 개념이 종교와 법의 영향을 통해 어떻게 내면화되고 도덕화되었는지를 탐구합니다. 니체는 죄책감이 인간의 고통을 이해할 수 있고 정당화할 수 있는 방법인 동시에 자기 처벌과 자기 부정을 가하는 방법이라고 제안합니다.

세 번째, "금욕주의적 이상은 무엇을 의미하는가?"에서는 금욕주의 현상, 즉 세속적 쾌락과 욕망의 포기에 대해 살펴봅니다. 니체는 종교적, 철학적, 예술적, 과학적 등 다양한 형태의 금욕주의가 삶과 그 가치를 부정하는 허무주의적 의지의 표현이라고 비판합니다. 또한 고행이 어떻게 자신의 힘을 강화하고 약점을 극복하는 수단으로 작용할 수 있는지에 대해서도 고찰합니다.

〈도덕의 계보학〉은 철학, 심리학, 사회학, 인류학, 역사, 문학, 예술, 문화 등 다양한 사상 분야에 깊은 영향을 미쳤습니다. 이 책은 실존주의, 정신분석학, 포스트모더니즘, 페미니즘, 비판이론, 정치이론 등 다양한 관점에서 많은 해석과 비평에 영감을 주었습니다. 또한 도덕, 종교, 문화, 정치에 대한 급진적인 견해로 인해 논란과 논쟁을 불러일으키기도 했습니다.

니체의 저작은 서구 도덕에 대한 급진적인 비판으로 찬사를 받기도 하고, 자기주장이라는 이름으로 해로운 행동을 정당화할 수 있다는 비판을 받기도 했습니다. 그럼에도 불구하고 '도덕의 계보학'은 도덕적 가치의 윤리의 뿌리에 대한 도발적인 고찰을 제공하는 철학사에서 중요한 작품으로 남아 있습니다.

책 엿보기

〈도덕의 계보학〉은 복잡하고 심오한 작품으로, 중요한 문장이 많습니다.

"힘이 힘으로 나타나지 않게 요구하는 것, 압도하려는 욕망, 꺾으려는 욕망, 주인이 되려는 욕망, 적과 저항 그리고 승리에 대한 갈증이 없어야 한다고 요구하는 것은, 약함이 힘으로 나타나야 한다고 요구하는 것만큼이나 어리석은 일이다."

◀〈도덕의 계보학〉 초판의 제목 이미지

니체는 힘의 본질은 자신을 주장하고, 지배하고, 승리를 추구하는 것이라고 주장합니다. 그것은 힘의 자연스러운 표현입니다. 강함이 자신의 본성을 억압하기를 기대하는 것은 비논리적입니다. 마찬가지로 약점이 강점으로 작용하기를 기대하는 것도 비합리적입니다. 이 아이디어는 강자가 고결한 존재로 간주되기 위해 자신의 힘을 억누를 것을 요구하는 기존의 도덕성에 도전합니다.

"모든 형태의 '세상적인' 지혜에서 적, 독, 유혹을 올바르게 감지하는 그리스도인 본능의 심오한 일관성을 과소평가해서는 안 된다."

이 문장에서 니체는 기독교가 어떻게 일관되게 세상의 지혜를 위협으로 간주해왔는지에 대해 설명합니다. 종교는 자신의 가르침을 벗어난 지식과 지혜를 추구하는 것을 위험하다고 인식하는데, 이는 그러한 추구가 의문과 의심으로 이어져 신앙을 약화시킬 수 있기 때문입니다.

니체는 세상의 지혜가 본질적으로 부정적이라는 관점에 동의하지 않더라도 이러한 위협을 식별하는 데 있어 기독교 본능이 옳다고 제안합니다.

"'선한 사람'에게도 위험, 유혹, 독, 마약과 같은 퇴행적 특성이 숨어 있어서 현재가 미래의 비용으로 살게 된다면 어떨까?"

니체는 '선한 사람'이라는 전통적인 도덕적 개념에 의문을 제기하는데, 전통적인 도덕에 따르면 '선한 것'에 해로운 것이 있을 수 있음을 암시합니다. 그는 현재가 이러한 도덕적 가치를 고수함으로써 미래를 희생하고 있을지도 모른다고 가정합니다. 이는 전통적인 의미에서 선한 사람이 되는 것이 본질적으로 긍정적인 자질이라는 생각에 도전하는 것입니다. 대신 개인과 사회의 발전과 진보에 해가 될 수 있다고 제안합니다.

우상의 황혼: 망치로 철학하는 법
(Twilight of the Idols, 1889)

〈우상의 황혼〉은 니체의 생애에서 마지막 생산적인 해인 1888년에 집필되어 1889년에 출판되었습니다. 원래 제목은 〈어느 심리학자의 유휴 시간〉이었지만, 니체는 바그너의 오페라 '신들의 황혼'을 비꼬는 뜻에서 〈우상의 황혼〉으로 바꿨습니다.

이 책은 니체의 철학에 대한 짧은 입문서이자 기독교, 도덕, 독일 문화 등 당대의 우상들에 대한 선전포고로 쓰였습니다. 〈우상의 황혼〉은 부제가 '망치로 철학하는 법'이라고 달릴만큼 니체의 생각을 대변하는 책입니다.

니체는 이 책에서 동시대 사람들의 철학 체계와 신념, 특히 서구 문화의 쇠퇴를 지속시키는 데 책임이 있다고 생각한 신념을 통렬하게 제기하고 비판하는 격언과 에세이 모음집입니다.

책의 내용

이 책은 12개의 섹션으로 구성되어 있으며, 각 섹션에는 다양한 주제에 대한 격언, 에세이 또는 비평이 포함되어 있습니다. 책은 서문과 권력, 행복, 진리, 도덕 등 다양한 주제에 대한 한 문장의 격언을 담은 '격언과 화살'이라는 섹션으로 시작됩니다.

서문에서 그는 자신이 가진 작은 망치로 우상을 고치기를 기대한다고 말합니다. 그는 1888년 9월 30일이라는 날짜로 서명합니다.

"나를 죽이지 못하는 것이 나를 더 강하게 만든다(Was mich nicht umbringt, macht mich stärker)"는 유명한 구절은 '격언과 화살' 섹션의 격언 8번에 나옵니다.

니체는 당시 독일 문화를 세련되지 못하고 퇴폐적이며 허무주의적이라고 비판하며 비슷한 경향을 보이는 프랑스, 영국, 이탈리아의 주요 문화 인사들에게 비난의 화살을 쏘아댑니다.

니체는 문화적 퇴폐를 대표하는 이 모든 인물들과는 대조적으로 카이사르, 나폴레옹, 괴테, 투키디데스, 소피스트들을 더 건강하고 강인한 유형으로 평가합니다. 이 책은 '모든 가치의 재평가'를 니체의 마지막이자 가장 중요한 프로젝트로 명시하고 있습니다.

니체는 서구문명의 기둥을 이룬 소크라테스와 플라톤도 과감하게 비판합니다. 특히 플라톤의 이데아 사상을 부정합니다. 그는 플라톤의 이데아가 있지도 않은 가상의 세상을 만들어냈고, 생명을 부정하는 사상을 전파했다고 비판합니다.

이를 이어받은 기독교인들이 세상을 '진짜'(천국) 세상과 겉으로 보이는 (살아 있는) 세계로 나뉘었다고 지적합니다. 그 덕분에 현실 세계라는 개념은 폐지되었고, 인간은 살아 있으면서도 헛된 천국이나 꿈꾸는 가짜 세상을 살게 되었다는 것입니다.

이 책에서 니체는 기독교, 소크라테스 철학, 독일 문화, 도덕, 진리, 진보에 대한 대중적 관념을 비판합니다. 또한 고대 그리스와 로마인의 미덕을 찬양하며, 그들의 문화적 가치가 삶에 대한 긍정과 개인주의에 더 부합한다고 믿었습니다.

니체는 '망치로 철학하기'라는 개념을 도입했는데, 이는 깊이 간직하고 있는 신념을 검토하고 의문을 제기하여 우상이나 거짓으로 판명될 경우 이를 부수는 것을 의미합니다.

〈우상의 황혼〉은 니체의 주요 사상을 간결하고 이해하기 쉬운 형태로 제시하고 있어 니체의 영향력 있는 작품 중 하나입니다. 서양철학의 획기적인 텍스트로 남아 있으며, 철학, 심리학, 문학, 문화 연구 등 다양한 분야에 깊은 영향을 미쳤고, 후대에까지 그 영향력을 이어가고 있습니다.

책 엿보기

"나를 죽이지 못하는 것이 나를 더 강하게 만든다."

개인이 역경을 통해 성장하고 발전한다는 것을 시사합니다. 니체

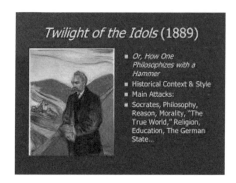

는 도전과 고난을 극복하는 것이 개인의 성장과 인격 형성에 기여할 수 있다고 믿었습니다. 이러한 생각은 흔히 자기 극복의 중요성과 개인의 강한 의지 계발의 중요성에 대한 니체의 신념을 표현한 것으로 간주됩니다.

"모든 진리는 한동안은 단지 하나의 믿음, 오류의 총합일 뿐이다."

이 문장에서 니체는 절대적 진리라는 개념에 의문을 제기하며, 우리가 진리라고 생각하는 것은 오랜 시간 동안 받아들여진 오류나 오해의 집합일 뿐이라고 말하고 있습니다. 이 말은 객관적 진리의 존재에 대한 그의 광범위한 회의론과 전통적이고 독단적인 사고방식에 대한 비판을 말합니다.

"가장 영적인 사람들은 가장 용감하다고 가정할 때 가장 고통스러운 비극도 경험하지만, 바로 이런 이유 때문에 생명을 존중하는 것이며, 생명은 그들에게 가장 강력한 무기를 가져다주기 때문이다."

　이 문장은 가장 정신적이고 용기 있는 사람은 인생의 가장 큰 도전을 피하지 않고 정면으로 맞서는 사람이라는 니체의 견해를 강조합니다. 이러한 사람은 인생의 비극과 고통에 직면함으로써 삶 자체에 대한 깊은 감사를 갖게 됩니다. 이 사고는 고통과 허무주의에 맞서 삶을 긍정하는 니체의 광범위한 철학적 프로젝트와 연결됩니다.

　이 문장은 〈우상의 황혼〉의 주요 아이디어를 간략하게 보여 주지만, 이 작품에는 더 많은 탐구가 필요한 복잡하고 생각을 자극하는 아이디어가 가득합니다.

적 그리스도
(The Anti-christ, 1888)

〈적 그리스도〉는 정신병원에 입원하기 직전해인 1888년에 집필해서 1895년에 출판된 니체의 후기 저작물 중의 하나입니다. 원제는 "모든 가치의 재평가"였지만, 니체는 기독교 세계관과 도덕에 대한 도전으로 "적 그리스도"로 제목을 변경했습니다.

〈적 그리스도〉에서 니체는 서구 문화를 감염시킨 퇴폐와 허무주의의 화신으로 간주한 기독교를 비판적으로 다루고 있습니다. 그는 기독교를 삶을 긍정하는 힘이 아니라 삶을 부정하는 힘으로 보았습니다. 니체는 기독교 신앙이 근본적으로 현실을 잘못 표현하고 있으며, 삶을 긍정하는 것으로 간주되는 힘, 활력, 권력의 가치를 삶을 부정하는 것으로 간주되는 겸손, 자선, 경건의 가치로 뒤집어 놓았다고 주장했습니다.

책의 내용

이 책은 서문과 62개의 섹션으로 구성되어 있으며, 각 섹션에는 서구 문명에 대한 기독교의 영향과 관련된 다양한 주제에 대한 격언, 에세이 또는 비평이 포함되어 있습니다.

이 책은 니체가 기독교라는 '거짓의 건축물'을 폭발시킬 '다이너마이트'가 되겠다는 의도를 선언하는 서문으로 시작됩니다.

첫 번째 섹션에서는 니체의 주요 표적이 역사적 인물인 예수 그리스도가 아니라 그의 추종자들, 특히 바울에 의해 만들어진 '퇴폐적이고 부자연스러운' 기독교 형태라고 명시합니다.

다음 섹션에서는 원죄, 구원, 은혜, 믿음, 자유 의지, 도덕성에 대한 기독교 교리를 나약함, 분노, 자기기만, 생명에 대한 증오의 표현으로 비판합니다.

다음 섹션에서는 교회, 신권, 성경의 기독교 제도를 진리를 왜곡하고 억압하며 인류를 노예로 만든 부패하고 위선적이며 반지성적인 세력으로 공격합니다.

다음 섹션에서는 기독교를 고대 이교도 종교 및 문화, 특히 니체가 생명, 아름다움, 힘, 고귀함을 긍정하는 것으로 칭찬하는 그리스 로마의 문화와 대조합니다.

마지막 섹션에서는 문화, 정치, 과학, 예술, 철학의 모든 측면을 감염시킨 기독교적 퇴폐와 허무주의의 지속이자 정점으로서 근대성을 비난합니다.

니체의 〈적 그리스도〉는 여러 세대의 철학자, 사상가, 예술가에게 깊은 영향을 미쳤으며, 여전히 논란의 여지가 있는 작품입니다. 〈적 그리스도〉는 종종 잘못 해석되거나 지나치게 단순화되었습니다. 기독교에 대한 그의 복잡하고 미묘한 비판은 종종 단순한 무신론이나 반종교적 정서로 축소됩니다.

니체가 〈적 그리스도〉에서 기독교를 비판한 것은 영성이나 인간 삶의 영적 차원을 거부한 것이 아니라는 점에 유의하는 것이 중요합니다. 오히려 그는 기독교 도덕의 생명을 부정하는 측면을 비판하고 생명을 긍정하는 가치관이 더 가능하고 바람직하다고 제안하고 있습니다.

마지막으로 니체의 저작은 다양한 정치 이데올로기, 특히 나치가 자신들의 신념과 행동을 정당화하기 위해 니체의 저작을 선택적으로 사용한 것에 의해 오용되기도 했습니다. 그러나 학자들은 이러한 해석이 니체의 실제 견해를 심각하게 왜곡한 것이라는 데 대체로 동의합니다.

이러한 모든 요인들이 니체의 〈적 그리스도〉에 대한 지속적인 관련성과 논란에 기여하고 있습니다. 이 책은 계속해서 널리 읽히고 연구되고 있으며 기독교적 세계관과 도덕에 대한 비판으로 철학사에서 중요한 작품으로 남아 있습니다.

책 엿보기

"선이란 무엇인가? 인간의 권력감, 권력에의 의지, 권력 자체를 고

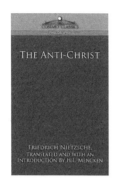

양시키는 모든 것."

니체의 '권력에의 의지' 개념은 니체 철학의 핵심입니다. 그는 인간의 근본적인 원동력은 생존이나 번식이 아니라 권력에의 의지라고 주장합니다.

이 힘은 신체적 힘, 지적 우위, 예술적 창의성 등 다양한 방식으로 표현될 수 있습니다. 반드시 지배적이거나 억압적인 것이 아니라 창조와 성장을 위한 힘이 될 수 있습니다.

"약한 자와 실수한 자는 멸망한다: 우리 자신의 첫 번째 원칙이다. 그리고 그들을 도와야 한다."

이 말은 니체가 기독교 도덕과 연민에 대해 비판한 내용을 직접적으로 언급하고 있습니다. 그는 약하고 억눌린 자를 돕는다는 기독교 정신이 삶의 고유한 투쟁을 부정하고 평범함의 문화를 조장한다고 믿었습니다. 니체는 가장 강하고 유능한 자의 생존과 번영을 촉진하는 것이 표준이 되어야 한다고 생각했습니다. 이 점은 논란의 여지가 있으며 니체의 의도가 아닌 사회적 다원주의를 지지하는 것으로 오해될 수 있다는 점에 유의하는 것이 중요합니다.

"기독교에서는 도덕도 종교도 어느 시점에서도 현실과 접촉하지 않는다."

니체는 〈적 그리스도〉 전반에 걸쳐 기독교가 현실과 동떨어져 있다고 일관되게 비판합니다.

그는 기독교의 가치와 도덕이 권력에의 의지, 투쟁과 극복의 중요성 등 인간 존재의 근본적인 현실을 부정한다고 주장합니다.

그는 기독교가 삶을 긍정하는 정신보다는 삶을 부정하는 정신을 조장한다고 봅니다.

니체는 형이상학적이고 내세적인 약속에 초점을 맞추는 대신 지상의 인간적 경험에 주목하고자 했습니다.

이 문장 하나하나에서 도덕, 종교, 인간 존재의 본질에 대한 니체의 독특한 관점을 엿볼 수 있습니다.

모든 철학 작품이 그렇듯이 니체의 사상을 이해하려면 주의 깊은 읽기와 해석이 필요합니다.

이 사람을 보라
(Ecce Homo)

〈이 사람을 보라: 인간은 어떻게 인간이 되는가〉는 니체의 마지막 저작입니다. 1888년에 집필되어 사망 후인 1908년 출판되었습니다.

이 책은 니체 자신의 철학적 발전과 사상에 대한 검토와 해석을 담은 자전적 작품입니다. 니체가 뛰어난 생산성을 발휘하던 시기에 시작했으나, 안타깝게도 1889년 정신적 붕괴를 겪을 무렵 마무리되어서 내용에 과장과 자기자랑이 지나칠 정도로 많습니다.

원제인 〈에체 호모(Ecce Homo)〉는 라틴어로 "이 사람을 보라"로 번역되는데, 본디오 빌라도 총독이 가시 면류관을 쓴 예수가 십자가에 못 박히기 전, 유대인을 향해 한 말이라고 합니다. 니체는 자신의 삶과 사상을 돌아보는 자서전에서 아이러니하게도 이 말을 사용했습니다.

이 책은 니체의 삶과 작업, 철학자로서의 발전에 대한 통찰력을 제공하는 자서전입니다. 또한 지금까지 쓰여진 책 중 가장 흥미로우면서도 기괴한 사례 중 하나로 꼽힙니다.

책의 내용

이 책은 〈비극의 탄생〉, 〈차라투스트라는 이렇게 말했다〉, 〈선악을 넘어서〉 등 니체의 이전 작품을 스스로 정리하고 해설한 책입니다.

니체는 자신의 삶과 경험의 세부 사항을 엮어 주제와 사상을 설명하면서 자신의 저술에 대해 반성합니다.

이 책은 네 부분 "내가 왜 그렇게 현명한가", "내가 왜 그렇게 영리한가", "내가 왜 그렇게 좋은 책을 쓰는가", "내가 왜 운명인가"로 나뉩니다.

이 책은 니체의 자신감 넘치고 자축하는 어조로 유명합니다. 그는 자신을 '운명'이라고 부르며 자신의 사상이 혁명적이라고 주장하면서 자신의 지적 성취를 칭찬하는 데 주저하지 않았습니다.

또한, 도덕에 대한 자신의 견해를 논의하면서 전통적인 도덕적 가치를 극복하고 자신만의 도덕적 가치를 창조해야 한다는 자신의 신념을 확고히 했습니다. 니체는 이러한 자기 창조 행위, 즉 '자기 자신이 되는 것'이 인간이 추구할 수 있는 최고의 업적이라고 주장했습니다.

미래 세대에 미치는 영향

후대에 미친 영향에 대해 〈이 사람을 보라〉는 현대 철학에 지대한 영향을 끼친 '기발하고 독특한 자화상'으로 묘사되고 있습니다.

니체의 작품은 마르틴 하이데거, 미셸 푸코, 자크 데리다, 질 들뢰즈 등 많은 현대 사상가들에게 영향을 미쳤다고 알려져 있습니다.

〈이 사람을 보라〉는 실존주의와 포스트모던 사상, 특히 자기 창조와 도덕의 재평가라는 주제에 큰 영향을 미쳤습니다.

니체의 대담하고 상징적인 스타일은 후대의 많은 사상가들에게 전통적인 가치와 가정에 의문을 제기하도록 영감을 주었으며, 20세기 철학과 비판 이론의 발전에 기여했습니다.

비평가와 학자들도 이 책의 자전적 성격에 매료되어 니체의 말년 정신 상태에 대해 많은 논의를 촉발시켰습니다. 어떤 사람들은 〈이 사람을 보라〉의 장대한 주장과 혼란스러운 문체로 인해 니체의 정신적 붕괴가 임박했음을 보여주는 증거로 보는 반면, 다른 사람들은 이 책을 철학 전통에 대한 대담하고 자각적인 비판으로 봅니다.

그러나 〈이 사람을 보라〉를 포함한 니체의 저술은 종종 잘못 해석되고 오용되곤 했는데, 특히 나치는 니체의 '위버멘쉬' 개념을 자신들의 이데올로기에 맞게 왜곡했습니다.

니체 자신은 민족주의와 반유대주의를 비판했지만, 그의 작품에 대한 선택적 해석으로 인해 철학계에서 논란의 인물이 되었습니다.

이러한 논란에도 불구하고 니체가 철학, 문학, 심리학에 미친 지대한 영향은 부인할 수 없으며, 〈이 사람을 보라〉는 니체의 사상과 그 발전을 이해하는 데 핵심적인 텍스트로 남아 있습니다.

"나는 내 운명을 안다. 언젠가 내 이름은 지구상에서 유례없는 위기, 가장 심오한 양심의 충돌, 지금까지 믿고 요구하고 신성시하던 모든 것에 반하는 결정 등 엄청난 무언가에 대한 기억과 연관될 것이다. 나는 사람이 아니라 다이너마이트이다."

여기서 니체는 자신의 유산에 대해 예언적인 발언을 하고 있습니다. 그는 자신을 당대의 확립된 가치와 신념에 도전하는 혁명적인 인물로 여겼습니다. 이 대사는 니체의 자기 인식과 그의 사상의 급진적이고 폭발적인 성격을 잘 보여줍니다.

니체는 자신의 철학이 기존의 사고방식을 근본적으로 뒤흔들 수 있다는 점에서 혁명적이고 심지어 위험하다는 것을 이해했습니다. 따라서 그는 자신을 다이너마이트에 비유하며 자신의 사상이 사회와 세계를 변화시킬 수 있는 폭발적인 잠재력이 있음을 강조했습니다.

"인간의 위대함에 대한 나의 공식은 아모르 파티(amor fati)다. 앞으로도 뒤로도, 영원토록 달라지기를 바라지 않는 것이다. 필요한 것을 감당할 뿐 아니라 감추지 말고 (모든 이상주의는 필요한 것에 직면한 나약함이다) 그것을 사랑하라."

◀Henry van de Velde 가 디자인
한 1908년 Insel 에디션의 표지

　이 문장은 다른 것을 바라지 않고 자신의 삶을 있는 그대로 받아들
이고 긍정하는 것을 의미하는 니체의 운명 사랑, 즉 아모르 파티 개
념을 잘 표현하고 있습니다. 그는 이상주의와 원한을 나약함과 부정
직함의 형태로 거부하고 현실을 즐겁게 받아들일 것을 옹호합니다.

　"나는 철학자 디오니소스의 제자이며, 성자보다는 순교자가 되고
싶다."

　이 문장은 삶을 긍정하고 존재의 혼란스러운 측면을 대표하는 그
리스의 포도주, 황홀경, 창조의 신 디오니소스에 대한 니체의 존경심
을 드러냅니다. 그는 디오니소스의 반은 인간이고 반은 동물인 사티
르와 자신을 동일시하며, 삶에 대한 장난스럽고 관능적인 태도를 구
현합니다.

chapter 5

니체가 역사에 남긴 것은 무엇인가요?

-21세기 니체

살아생전 니체는 인기 없는 철학자였습니다. 원고를 출판해 줄 출판사도 없었고, 그나마 자비로 몇십 부 찍어 내도 거의 팔리지 않았습니다.

니체는 자신의 철학을 알아보지 못하는 것을 한탄하면서 생의 마지막 10년은 정신분열 증상을 보이다가 끝내 회복하지 못하고 사망합니다.

니체는 1900년도에 죽었습니다. 19세기를 마감하고 20세기를 여는 시기라는 점에서 상징성이 깊습니다. 그는 누군가에게 보낸 편지에서 자신이 죽은 후에 세상에서 일어날 일을 이렇게 예언하고 있습니다.

"내가 누구인지 알아차리기는 어려우리라. 100년만 기다려보자. 아마도 그때까지는 인간을 탁월하게 이해하는 천재가 나타나서 니체라는 이를 무덤에서 발굴할 것이다."

니체의 예언은 기가 막히게 들어맞았습니다. 그러나 100년까지 기다릴 것이 없었습니다. 니체가 쓰러져 있는 10년 동안 그는 유명해지기 시작했으며 니체 철학은 20세기를 관통해서 21세기에도 질주하고 있습니다.

두말할 것도 없이 니체는 20세기를 연 문제적인 철학자입니다.

니체 자신의 예언대로 그는 '무덤에서 발굴'되었고, 20세기에 가장 영향력 있는 철학자가 되었습니다. 그리고 21세기에 이르러서도 가장 많이 읽히는 철학자입니다. 이번 장에서는 21세기에도 질주하고 있는 니체 철학의 비밀을 알아봅시다.

니체가 뒤흔든 100년 그리고 21세기

니체는 20세기 현대 철학에 많은 유산을 남긴 철학자입니다.

1960년대 하이데거와 들뢰즈에 의해 세상에 널리 알려지기 시작한 이후 그의 철학 사상은 포스트모더니즘 열풍을 일으켰습니다. 니체는 실존주의, 포스트모더니즘, 정신분석학, 페미니즘, 아나키즘, 허무주의, 무신론 등 다양한 학문과 운동에 걸쳐 많은 사상가와 작가들에게 영감을 주었으며 20세기 사상사에 큰 영향을 미쳤습니다.

니체가 지속적인 영향력을 발휘하는 이유 중 하나는 철학자로서의 독창성과 창의성입니다. 그는 급진적이고 도발적인 스타일로 당시 시대와 문화의 가정과 가치에 의문을 제기하여 독자들이 스스로 생각하고 편견과 환상을 극복하도록 도전정신을 심어 주었습니다.

또한, 다양한 삶의 방식에 대한 자기 경험과 실험을 바탕으로 인간의 잠재력과 가능성에 대한 새로운 비전을 제시했습니다.

그는 복잡하고 다양한 삶을 긍정하고, 절대적인 기반이나 보장이 없는 세상에서 새로운 가치와 의미를 창조할 수 있는 더 높은 유형의 인간을 양성코자 했습니다.

실존주의 : 니체의 '권력에의 의지'에 대한 개념, 전통적 가치에 대한 비판, 영원 회귀에 대한 개념은 모두 실존주의 사상의 핵심입니다. 개인에 대한 그의 초점과 개인적 책임의 중요성에 대한 강조는 그를 이 철학 운동에서 중요한 인물로 만들었습니다.

포스트모더니즘 : 니체는 거대 이론과 메타내러티브에 대한 회의로 포스트모더니즘의 선구자가 되었습니다. 진리와 지식에 대한 그의 비판, 관점주의에 대한 그의 옹호, "사실이란 없고 해석만 있다"는 그의 주장은 포스트모던 사상가들에게 큰 영향을 미쳤습니다.

정신분석학 : 무의식과 인간 행동을 지배하는 욕구에 대한 니체의 탐구는 지그문트 프로이트와 정신분석학 발전에 큰 영향을 미쳤습니다.

페미니즘 : 니체의 연구는 다양한 페미니스트 사상가들에 의해 활용되기도 하고 비판을 받기도 했습니다. 어떤 이들은 그의 견해가 여성 혐오적이라고 비판하지만, 다른 이들은 전통적인 도덕에 대한 그의 비판과 권력 역학에 대한 탐구에서 가치를 발견합니다.

아나키즘 : 니체는 무정부주의자가 아니었지만 국가에 대한 비판과 개인의 권력에의 의지에 대한 옹호는 특정 아나키즘 사상에 영향을 미쳤습니다.

허무주의와 무신론 : 니체는 "신은 죽었다"고 선언하고 삶의 무의미함에 대한 믿음인 허무주의의 부상을 예측한 것으로 잘 알려져 있습니다. 그의 연구는 무신론과 허무주의 철학의 발전에 중요한 영향을 미쳤습니다.

니체의 영향력은 학계나 지성계에만 국한되지 않습니다. 그의 사상은 영화(예: 매트릭스), 소설(예: 파이트 클럽), 음악(예: 도어즈), 만화(예: 와치맨), 비디오 게임(예: 바이오쇼크), 텔레비전 프로그램(예: 트루 디텍티브) 등 다양한 미디어 형식을 통해 대중문화에도 침투해 있습니다. 또한, 그의 작품은 여러 언어로 번역되어 전 세계의 많은 독자들에게 소개되었습니다. 그는 역사상 가장 널리 읽힌 철학자 중 한 명입니다.

니체의 철학적 작업은 20세기의 철학적 지형을 형성하는 데 중요한 역할을 했으며 21세기에도 계속 영향을 미치고 있습니다. 니체의 영향력의 중요한 측면은 서양철학, 종교, 도덕에 대한 비판에 있으며, 그는 이를 뿌리 깊은 '무에 대한 의지'를 앓고 있는 문화의 증상으로 간주했습니다.

니체가 지속적인 영향력을 발휘하는 또 다른 이유는 20세기 이후의 역사적, 문화적 발전과의 관련성 때문입니다. 니체는 종교와 형이상학의 쇠퇴, 허무주의와 상대주의의 부상, 대중 사회와 전체주의의 등장, 정체성과 문화의 분열, 이성과 감성의 갈등, 개인주의와 집단주의 사이의 긴장, 도덕과 가치의 위기, 인간 삶에서 예술과 창의성의 역할 등 현대에 인류가 직면한 많은 위기와 도전을 예견했습니다.

또한, 이러한 문제를 해결하고 변화하는 세상에서 새로운 삶의 방식과 사고방식을 찾는 데 도움이 될 수 있는 통찰력과 관점을 제시했습니다.

그의 작품은 철학, 심리학, 사회학, 문학 이론 및 기타 분야에서 지속적인 논쟁을 불러일으키고 있습니다. 그의 철학 사상에 대한 새로운 관심은 문화, 도덕, 인간 정신에 대한 그의 선견지명 있는 분석이 현대 세계에서도 여전히 유효하기 때문일 수 있습니다.

니체가 미친 영향력에 대해 더 자세히 분석하려면 이러한 각 범주를 개별적으로 살펴보고 각 사조 또는 학문의 주요 사상가들과 관련하여 니체의 작품을 탐구하는 것이 좋습니다.

니체가 미친 영향력에 논란이나 비판이 없는 것은 아닙니다. 민주주의와 기독교에 대한 비판, 권력과 폭력에 대한 찬양, 위버멘쉬 개념(히틀러에 의해 왜곡됨), 반유대주의적 언어 사용(그의 누이에 의해 과장됨) 등으로 인해 그를 나치즘과 파시즘의 선구자 또는 영감의 원천이라고 비난하는 사람들도 있습니다.

다른 사람들은 보편적 진리나 도덕을 거부하기 때문에 그를 비합리주의자 또는 상대주의자라고 비판했습니다. 또 다른 사람들은 여성이나 평범한 사람들에 대한 그의 견해 때문에 그를 엘리트주의자 또는 여성 혐오주의자라고 비판했습니다. 그러나 이러한 비판은 니체의 사상에 대한 오해나 잘못된 해석에 근거한 경우가 많습니다.

니체는 특정 체제나 교리를 옹호하는 정치 철학자나 이데올로기가 아니었습니다. 그는 날카로운 눈과 예리한 귀로 통념에 의해 숨겨지거나 억압된 것을 찾아내어 당대의 문제를 진단한 문화 비평가였습니다. 또한, 열정적인 마음과 창조적인 정신으로 인간 존재의 새로운 가능성을 상상한 선구자이기도 했습니다.

그는 자신의 견해를 다른 사람에게 강요하거나 추종자나 제자를 만드는 데에는 관심이 없었고, 다른 사람들이 스스로 생각하고 자신과 같은 존재가 되도록 자극하는 데에 관심이 있었습니다.

니체의 영향력은 아직 끝나지 않았습니다.

그의 사상은 21세기, 새로운 도전과 기회에 직면한 오늘날에도 여전히 유효합니다. 복잡한 세상에서 새로운 삶의 방식과 창조를 추구하는 오늘날에도 그의 사상은 영감을 주고 있으며 여전히 도전적입니다.

표절된 책 〈권력에의 의지〉

1889년 니체는 정신 쇠약으로 인해 쓰러진 후 지적 여정을 중단해야 했습니다. 그 후 1900년 세상을 떠나기까지 11년 동안 그는 더 이상 작업을 이어갈 수 없었습니다.

미완성 원고 중에는 니체의 여동생 엘리자베트 푀르스터-니체가 편집하여 사후에 출판한 〈권력에의 의지〉가 포함되어 있습니다. 엘리자베트는 오늘날 우리가 읽을 수 있는 〈권력에의 의지〉를 각색하여 출판한 것으로 알려져 있습니다.

엘리자베트는 논란의 여지가 많은 인물이었습니다. 〈권력에의 의지〉에 대한 그녀의 편집 작업은 많은 학자들이 자신의 이념적 성향에 맞게 니체의 글을 고의적으로 위조하고 조작했다고 주장하면서 중요한 논쟁의 대상이 되어 왔습니다.

엘리자베트는 니체가 병으로 쓰러진 후 그의 문학적 재산을 관리하고 자칭 후견인이자 통역사가 되었습니다. 그녀는 독일로 돌아와 바이마르에 '니체 아카이브'를 설립하고, 니체의 미발표 원고와 편지를 수집하고 편집했습니다. 또한 강연, 출판, 전시회를 통해 니체 철학을 대중에게 널리 알렸습니다.

1889년, 쓰러지기 전까지 니체는 〈권력에의 의지〉라고 불렸던 텍스트를 작업하고 있다고 여러 사람들에게 보낸 편지에서 밝히고 있었습니다. 그래서 이 원고의 정확한 성격은 학자들 사이에서 논쟁의 대상이 되고 있습니다.

어떤 이들은 이 원고가 그의 대작이라고 주장하는 반면, 다른 이들은 〈권력에의 의지〉라는 용어가 단순히 일련의 메모와 아이디어의 작업 제목일 뿐이라고 주장합니다.

어쨌든 니체가 쓰러진 후 이 작품은 미완성으로 남게 되었습니다.

니체가 무력화되자 엘리자베트는 〈권력에의 의지〉를 비롯한 니체의 미발표 저작물을 관리하고 편집하는 일을 시작했습니다.

엘리자베트의 가장 논란이 많았던 프로젝트 중 하나가 〈권력에의 의지 Der Wille zur Macht〉를 출판하는 것이었습니다. 그러나 엘리자베트의 편집 과정은 공정하지 못했습니다. 그녀의 손에서 〈권력에의 의지〉는 자신의 이념적 견해를 대변하는 플랫폼으로 변질되었습니다. 엘리자베트는 니체의 메모 조각들을 조합하여 문맥에서 벗어나거나 순서를 바꾸어 자신에게 맞는 내러티브를 만들었습니다. 엘리자베트는 자신의 민족주의적, 반유대주의적 관점에 따라 해석될 수 있는 메모는 중요하게 다루고 이러한 관점과 모순되는 메모는 경시하거나 생략했습니다.

엘리자베트의 〈권력에의 의지〉 버전은 1901년에 출판되었으며 처음에는 많은 사람들이 니체의 사상을 합법적으로 표현한 것으로 받아들였습니다. 이는 엘리자베트가 니체의 문학적 재산을 장악하고 오빠를 독일 민족주의의 철학적 대표 주자로 홍보했기 때문이었습니다.

그러나 보다 많은 학자들이 니체의 원본 원고를 연구하기 시작하면서 엘리자베트의 〈권력에의 의지〉 버전이 니체가 의도한 작품을 정확하게 반영하지 못한다는 것이 분명해졌습니다. 비평가들은 원본 노트와 엘리자베트가 출판한 버전 사이에 상당한 차이가 있으며, 니체의 많은 사상이 왜곡되거나 잘못 표현된 것으로 보인다고 지적했습니다.

특히 엘리자베트가 니체를 독일 민족주의와 반유대주의의 지지자로 묘사한 것은 니체가 평생 동안 이러한 이데올로기에 대해 격렬하게 비판한 것과 근본적으로 상충하는 것이었습니다. 이로 인해 엘리자베트가 자신의 이데올로기적 의제를 발전시키기 위해 니체의 저작을 의도적으로 잘못 해석했다는 학자들의 공감대가 형성되었습니다.

〈권력에의 의지〉에 대한 논란은 1960년대에 이탈리아의 두 언어학자 조르지오 콜리와 마지노 몬티나리가 라이프치히의 기록 보관소로 가서 니체의 전집을 새롭게 출간하기로 결정하면서 새로운 차원에 도달했습니다.

그들은 니체의 모든 저술(출판 또는 미출판)과 사후의 단편(편집자의 개입 없이)을 포함하는 연대기적 판을 제작했습니다. 또한 각 텍스트의 출처와 변형을 보여주는 비판적 장치도 제공했습니다.

새로운 판본은 엘리자베트가 〈권력에의 의지〉를 얼마나 왜곡하고 조작했는지를 밝혀냈습니다. 많은 부분이 서로 관련이 없는 다른 공책이나 시대의 단편으로 구성되어 있음을 보여주었습니다. 또한 많은 부분이 엘리자베트나 그녀의 협력자들에 의해 문맥에서 벗어나거나 아무런 표시나 정당화 없이 수정되었음을 밝혀냈습니다.

새로운 판본은 또한 〈권력에의 의지〉가 니체의 철학에 대한 최종적이거나 결정적인 견해를 반영하지 않는다는 것을 보여주었습니다. 이 책은 니체가 평생에 걸쳐 많은 문제에 대해 생각이나 관점을 바꿨으며, 고정된 체계나 교리에 집착하지 않고 다양한 개념이나 표현을 실험했음을 보여주었습니다.

또한, 새 판에서는 〈권력에의 의지〉가 니체 철학의 본질이나 정신을 담아내지 못한다고 주장했습니다. 니체 철학은 추상적인 원리나 형이상학적 주장에 기초한 것이 아니라 격언, 시, 대화, 비유 등 다양한 형태로 표현된 구체적인 경험이나 관점에 기초한 것임을 보여주었습니다.

따라서 새로운 판본은 니체 철학을 이해하는 원천으로서 〈권력에의 의지〉의 권위와 정당성에 도전했습니다. 또한 니체 사상에 대한 새로운 해석과 평가를 불러일으키며 니체의 원문과 의도에 더욱 충실했습니다.

〈권력에의 의지〉는 여전히 논란의 여지가 있는 프리드리히 니체의 유산으로 남아 있습니다.

그의 철학에 관심이 있거나 영향을 받은 많은 사람들이 여전히 널리 읽고 토론하고 있습니다. 그러나 니체의 진정한 목소리나 비전을 대변하는 것이 아니라 엘리자베트의 원고 조작이나 잘못된 해석이 반영된 문제작으로 인식되기도 합니다.

니체의 여동생 엘리자베트가 끼친 악영향은 무엇인가요?

니체 철학은 그의 생애 동안 좋은 평가를 받지 못했습니다.

그는 건강 악화, 외로움, 세상의 외면으로 고통받았습니다. 또한 반유대주의 민족주의자 베른하르트 푀르스터와 결혼하여 파라과이로 이주하여 누에바 게르마니아라는 독일 식민지를 설립한 누이 엘리자베트 푀르스터-니체(1846~1935)와도 사이가 좋지 않았습니다.

니체는 누이의 결혼과 정치적 견해에 반대하여 몇 년 동안 연락을 끊었습니다. 엘리자베트는 니체와 복잡하고 논란의 여지가 많은 관계를 맺었는데, 이는 두 사람의 성격과 정치적 신념이 극명하게 달랐기 때문입니다.

니체는 민족주의와 반유대주의에 비판적이었던 반면, 엘리자베트는 남편 베른하르트 푀르스터와 함께 독일 민족주의와 반유대주의 운동에 깊이 관여했습니다.

1889년 니체는 이탈리아 토리노에서 마부가 말을 채찍질하는 장면을 목격한 후 정신 쇠약을 겪었습니다. 그는 길거리에 쓰러져 말을 끌어안고 울었습니다. 그 후 정신병원으로 이송되어 생애의 마지막 11년을 치매 상태로 보냈습니다. 그는 1900년 뇌졸중으로 사망했습니다.

니체가 정신을 잃은 후 여동생 엘리자베트는 니체의 법정 대리인이 되어 니체의 저작물을 관리했습니다. 이 역할을 통해 엘리자베트는 니체의 재산과 미발표 작품을 관리할 수 있었습니다.

엘리자베트는 니체의 저술에 대한 통제권을 갖고 이를 편집, 출판하기 시작했습니다. 그 중 하나인 〈권력에의 의지〉는 그 구성이 의심스러워 논란의 여지가 있습니다. 이 책은 니체가 완성한 작품이 아니라 그가 정리하거나 완성하지 않은 다양한 메모와 단편들을 모은 것입니다.

엘리자베트는 니체가 죽은 후 이 노트들을 편집하여 한 권의 책으로 엮었는데, 많은 학자들은 이 작업이 니체의 의도를 크게 왜곡했다고 주장합니다.

엘리자베트의 니체 저작물 조작은 여기서 끝나지 않았습니다. 엘리자베트는 니체 철학을 널리 알리기 위해 자신의 민족주의와 반유대주의 이데올로기에 더 호의적인 시각으로 니체의 사상을 재구성하기 시작했습니다.

그녀는 자신이 설립한 니체 아카이브에서 독서 모임을 자주 주최했는데, 이 모임에는 떠오르는 국가사회주의(나치)당의 영향력 있는 인사들이 포함되어 있었습니다. 아돌프 히틀러도 니체 아카이브 방문자 중 한 명으로 엘리자베트와 함께 사진을 찍기도 했습니다.

니체의 유산과 나치 사이의 이러한 연관성은 엘리자베트의 행동으로 인해 크게 촉진되었으며, 특히 20세기 초중반에 니체 철학에 대한 오해가 널리 퍼지게 되었습니다.

'권력에의 의지', '위버멘쉬', '전통적 도덕에 대한 비판' 등의 개념을 포함한 니체 철학은 나치 정권에 의해 이념적 목표에 맞게 채택되고 왜곡되었습니다. 나치는 니체가 평등주의를 거부하고 권력에의 의지를 강조한 데서 인종 우월주의 교리와 공격적인 팽창주의 추구의 철학적 토대를 발견했습니다. 그러나 나치가 니체를 이렇게 전유한 것은 니체의 작품에 대한 심각한 오해를 불러 일으켰습니다.

니체는 민족주의와 반유대주의에 대한 엄격한 비판자였으며, 위버멘쉬에 대한 그의 생각은 인종적 개념이 아니라 자기 극복과 자기 창조에 대한 개인의 잠재력을 은유한 것이었습니다.

엘리자베트의 행동으로 인한 부작용은 상당했습니다. 그녀는 자신의 정치적 의도에 맞게 니체의 저작물을 조작하고 왜곡함으로써 니체 철학에 대한 심각한 오해를 불러일으켰고, 이를 바로잡기까지 수십 년이 걸렸습니다.

20세기 중반에 이르러서야 월터 카우프만 등의 학문적 노력으로 니체 철학은 엘리자베트와 나치의 왜곡에서 벗어날 수 있었습니다.

니체가 나치 이데올로기의 선구자라는 오해는 그의 명성에 심각한

◀엘리자베트 푀르스터-니체(1846~1935)

손상을 입혔고, 많은 지성계에서 그의 저작을 소홀히 취급하는 결과
를 초래했습니다. 또한 니체의 전통적 도덕에 대한 급진적 비판과 정
신, 윤리, 문화, 철학에 대한 그의 혁신적인 공헌에 대한 정확한 이해
와 감상을 방해했습니다.

　　결론적으로 엘리자베트 푀르스터-니체는 오빠 프리드리히 니체의
유산에서 논란의 여지가 많고 문제가 많은 역할을 했습니다. 그녀는
그의 작품을 왜곡하고 도용했습니다.

니체는 심리학에 어떤 영향을 끼쳤나요?

니체는 문학, 사회학, 신학, 심리학에 이르기까지 여러 분야에 깊은 흔적을 남겼습니다.

인간 존재의 본질, 도덕성, 지식에 대한 그의 급진적인 사상은 지배적인 지적 패러다임에 대한 중대한 재평가를 불러일으켰습니다. 특히 심리학에 대한 니체의 영향은 광범위하고 지속적인 영향을 미치며 심리학의 다양한 측면을 재구성했습니다.

니체는 정신분석학, 실존심리학, 인지심리학, 긍정심리학 등 심리학의 여러 분야에 중대한 영향을 끼쳤는데 요약하면 아래와 같습니다.

정신분석학

니체가 정신분석학, 특히 지그문트 프로이트의 연구에 미친 영향은 학자들 사이에서 상당한 논쟁의 대상이 되어 왔습니다. 어떤 이들은 프로이트가 니체의 사상을 제대로 인정하지 않고 차용했다고 주장하는 반면, 다른 이들은 유사점이 우연이거나 지적 시대정신을 반영하는 것이라고 주장합니다. 그러나 니체의 철학 사상과 프로이트의 정신분석이론 사이에는 유사점이 매우 많습니다.

니체의 '권력에의 의지' 개념은 프로이트의 본능적 삶 이론, 특히 에로스(생명 본능)와 타나토스(죽음 본능)를 포괄하는 드라이브 이론에 반영되어 있습니다.

인간은 근본적으로 권력에의 의지, 즉 지배와 통제에 대한 본능적 욕구에 의해 움직인다는 니체의 생각은 프로이트의 본능 이론의 선구자로 여겨집니다.

또한, 인간의 가장 깊고 어두운 욕망이 자리 잡고 있는 무의식에 대한 니체의 개념은 의심할 여지없이 프로이트의 무의식 이론에 영향을 미쳤습니다.

실존심리학

니체의 영향은 실존심리학에서도 찾아볼 수 있는데, 인간의 조건에 내한 그의 사상은 의미, 진정성, 자유에 대한 이 분야의 이해에 영향을 미쳤습니다.

"신은 죽었다"는 니체의 선언과 이후 허무주의와 '최후의 인간'에 대한 탐구는 실존심리학이 현대 삶의 의미 위기에 초점을 맞추는 데 영향을 미쳤습니다.

니체의 '영원 회귀'라는 개념, 즉 우리의 삶은 무한히 반복될 것처럼 살아야 한다는 개념은 진정한 삶에 대한 요청으로 해석되었습니다. 이는 개인의 자유, 개인적 책임, 의미 있는 삶의 추구가 중요하다고 강조한 롤로 메이나 빅토르 프랭클과 같은 실존주의 심리학자들의 작품에 반영되어 있습니다.

인지심리학

니체의 실존적, 형이상학적 관심사와는 거리가 멀어 보이는 인지심리학 분야에서도 니체의 영향력을 추적할 수 있습니다.

니체는 세계에 대한 우리의 인식과 이해가 우리의 관점과 편견에 의해 영향을 받는다는 사실을 최초로 제안한 사람 중 한 명으로, 이는 오늘날 인지심리학의 핵심 개념입니다.

니체의 '관점주의'는 세상에 대한 다양한 해석이 존재하며, 이는 모두 개인의 경험과 편견에 의해 형성된다고 주장합니다. 이 아이디어는 인지 편향과 현실 구성에 대한 현대 인지심리학의 이해에 반영되어 있습니다.

우리의 지각, 기억, 의사 결정 과정은 모두 개인의 관점과 인지적 편향의 영향을 받는 것으로 이해되며, 이는 니체 철학과 깊은 공감을 불러일으키는 개념입니다.

긍정심리학

마지막으로 니체 철학은 인간의 행복과 웰빙에 관한 분야인 긍정심리학에 영향을 미쳤습니다. '있는 그대로의 나 되기'에 대한 니체의 생각은 자아실현과 개인적 성장을 강조하는 긍정심리학과 연결되어 있습니다.

또한, 니체의 '운명적 사랑(Amor Fati)', 즉 운명에 대한 사랑 개념도 긍정심리학에 반영되어 있습니다. 이 개념은 개인의 성장에 필요한 모든 기쁨과 슬픔이 있는 삶을 포용할 것을 요구합니다. 이러한 철학은 웰빙의 핵심 요소로 회복탄력성과 수용을 강조하는 긍정심리학의 입장과 일치합니다.

니체 철학은 어떻게 허무주의를 넘어섰나요?

니체 철학은 흔히 인생에는 객관적인 의미, 목적 또는 내재적 가치가 없다는 철학적 신념인 허무주의와 연관되어 있다는 오해를 받고 있습니다. 그러나 이러한 오해는 니체가 허무주의의 함의에 대해 고민했다는 증거라기보다는 그의 철학 체계가 19세기 말 데카당스 풍조와 쇼펜하우어의 허무주의에 의해 숙성되었기에 얻게 된 오해입니다.

실제로 니체 철학은 삶에 대한 적극적인 긍정, 허무주의적 절망의 초월, 가치에 대한 재평가로 더 정확하게 설명할 수 있습니다. 니체의 규범 윤리는 그의 광범위한 철학에 막대한 영향을 미쳤으며, 특히 니체가 허무주의를 넘어서고자 했던 노력을 잘 보여줍니다.

니체와 허무주의: 오해

니체의 규범 윤리를 살펴보기 전에 니체와 허무주의와의 관계를 명확히 할 필요가 있습니다. 니체는 허무주의의 대두를 전통적인 도덕 체계, 특히 종교에 기반을 둔 도덕 체계의 붕괴에 따른 필연적인 결과로 인식했습니다.

니체는 현대 생활에서 종교의 영향력이 약화되는 것을 묘사하기 위해 사용한 은유인 신의 죽음은 도덕적, 실존적 위기로 이어질 것이라고 믿었습니다. 하지만 니체는 허무주의자가 아니었습니다. 오히려 그는 허무주의의 부상에 경종을 울리고 그것이 인간의 삶에 미치는 영향을 탐구하는 허무주의의 진단자였습니다.

니체의 규범적 윤리: 가치의 재평가

니체의 규범 윤리학의 핵심은 가치에 대한 재평가를 촉구한 것입니다. 그는 인간의 본능을 폄하하고 온유, 겸손, 이타주의를 찬양하는 유대-기독교적 도덕 체계를 '노예도덕'이라고 부르며 비판했습니다. 니체는 이러한 도덕 체계가 강자에 대한 약자의 분노에서 비롯된 것이며, 인간의 번영과 자연적 본능의 발현을 방해한다고 믿었습니다.

니체는 노예도덕 대신 개인의 힘과 활력, 창조적 힘을 미화하는 가치 체계인 '주인도덕'을 제안했습니다. 이를 지배나 착취에 대한 조잡한 지지와 혼동해서는 안 됩니다. 니체의 도덕은 개인이 모든 인간 행동의 근간이 된다고 믿었던 힘에 대한 의지를 발휘하여 장애물을 극복하고 삶을 긍정하며 잠재력을 최대한 발휘할 것을 촉구하는 것입니다.

허무주의를 넘어서: 삶에 대한 긍정과 영원 회귀

니체의 규범적 윤리와 폭넓은 철학은 삶에 대한 심오한 긍정에 기반을 두고 있습니다. 그는 삶을 포용하기 위해서는 고통과 고난을 포함한 삶의 총체성을 받아들이고 긍정해야 한다고 믿었습니다. 이 생각은 삶을 달라지기를 바라지 않고 있는 그대로 즐겁게 받아들여야 한다는 '운명에 대한 사랑', 즉 아모르 파티(amor fati)라는 개념에 요약되어 있습니다.

운명론과 밀접한 관련이 있는 니체의 영원 회귀 사상은 자신의 삶을 영원히 똑같은 방식으로 반복해서 살아야 한다면 자신의 삶을 긍정할 수 있는지를 묻는 사고 실험입니다. 니체는 영원 회귀를 기꺼이 긍정할 수 있는 사람, 즉 삶을 총체적으로 받아들일 수 있는 사람만이 허무주의를 초월하고 삶을 긍정할 수 있다고 믿었습니다.

위버멘쉬: 니체의 이상적 개인

니체의 규범 윤리는 허무주의를 극복하고 가치를 재평가하며 삶을 긍정하는 이상적 개인인 위버멘쉬, 즉 '초인'이라는 개념으로 구체화됩니다.

위버멘쉬는 다른 사람을 지배하는 것이 아니라 새로운 가치를 창조하고 삶을 긍정하기 위해 권력에의 의지를 행사합니다. 고통과 고난을 거부하지 않고 성장과 자기 극복을 위해 필요한 것으로 여깁니다. 위버멘쉬는 허무주의의 심연에 직면한 세상에서 희망의 등불인 인간의 위대함에 대한 니체의 비전을 상징합니다.

니체 철학이 현대 예술과 문학에 끼친 영향은?

니체는 현대 예술과 문학에 큰 영향을 미쳤습니다. 니체는 현재 우리가 이해하고 있는 예술과 문학은 인간의 본성, 현실, 가치에 대한 거짓되거나 모호한 가정에 기초하고 있다고 주장했습니다. 또한, 예술과 문학이 의지를 약화시키고 창의성을 억압하며 분노를 조장하는 등 인간의 삶에 부정적인 영향을 미친다고 주장했습니다.

그는 모든 측면에서 삶을 긍정하는 새로운 형식을 창조함으로써 예술과 문학을 극복할 것을 제안했습니다.

그의 철학적 사상은 다양한 형태의 예술적 표현에 스며들어 인간의 조건, 도덕성, 의미에 대한 매혹적인 탐구를 이끌어냈습니다. 위버멘쉬, 권력에의 의지, 영원 회귀, 아폴론-디오니소스 이분법에 대한 니체의 개념은 현대 예술과 문학에 너무도 광범위한 영향력을 발휘하고 있습니다.

니체의 철학적 개념과 그 영향력

니체는 객관적 진리나 신의 명령에 호소하는 예술과 문학의 형이상학적 토대를 거부했습니다. 그는 그러한 기초는 존재하지 않거나 인간의 지식에 접근할 수 없다고 주장했습니다.

또한, 그러한 기초는 인간의 현실을 부정하거나 왜곡하는 이질적이거나 억압적인 기준을 부과하기 때문에 인간의 삶과 무관하거나 해롭다고 주장했습니다.

전통적인 가치와 도덕적 처방에 대한 거부에 뿌리를 둔 니체 철학은 급진적인 사상으로 유명합니다. 그의 '위버멘쉬' 개념은 사회적 규범에서 벗어나 자신의 가치를 창조한 우월한 인간을 가리킵니다.

'권력에의 의지'는 인간의 근본적인 동기는 생존이나 쾌락이 아니라 권력이라는 것을 암시합니다. '영원 회귀'는 삶이 무한히 반복된다는 생각을 나타내며, 아폴론-디오니소스 이분법은 질서정연하고 이성적인 것(아폴론적)과 혼돈스럽고 감정적인 것(디오니소스적)을 드러냅니다.

현대 문학에 미친 영향

니체는 예술과 문학에서 현실을 사실적으로 표현하는 것에 의문을 제기했습니다. 그는 사실주의가 현실의 복잡성, 다양성, 모순을 무시하는 편협하거나 부분적인 시각에 기초한다고 주장했습니다. 또한 사실주의는 모든 것을 측정 가능한 양이나 계산 가능한 법칙으로 환원하기 때문에 인간의 삶에 해롭다고 주장했습니다.

니체는 예술과 문학 양식의 기원과 발전을 추적하는 역사적, 심리적 분석 방법을 개발했습니다. 그는 이 방법을 '계보학'이라고 불렀습니다.

그는 계보를 사용하여 우리의 예술적, 문학적 경험과 감정을 형성하는 숨겨진 동기와 힘을 드러냈습니다. 또한 계보를 사용하여 우리 예술과 문학 형식의 타당성과 가치를 평가했습니다.

위버멘쉬의 개념은 알베르 카뮈의 〈이방인〉의 주인공 뫼르소처럼 사회적 규범을 거부하고 자신의 가치를 창조하는 인물에서 찾아볼 수 있습니다. 이 작품에는 실존적 허무주의를 구현하는 주인공이 등장하는데, 이는 무의미한 세상에서 새로운 가치를 창조하려는 니체의 사상을 반영한 것입니다.

마찬가지로 윌리엄 골딩의 〈파리 대왕〉과 조지 오웰의 〈1984〉에서 볼 수 있듯이 권력에의 의지는 종종 도덕성을 희생하면서까지 권력과 지배를 위해 노력하는 문학적 인물에 반영되어 있습니다. 이러한 텍스트는 권력, 통제, 기존 도덕규범의 거부라는 니체적 주제를 잘 보여줍니다.

영원 회귀라는 개념은 주인공이 요양소에서 영원한 존재를 경험하는 토마스 만의 〈마법의 산〉과 같은 작품에서 두드러지게 나타납니다. 이는 인간이 끝없는 사건의 반복 속에 갇혀 있다는 니체의 삶의 순환적 본성에 대한 믿음을 반영한 것입니다.

아폴론-디오니소스 이분법은 T.S. 엘리엇의 〈황무지〉나 제임스 조이스의 〈율리시즈〉와 같이 질서와 혼돈, 이성과 감정 사이의 긴장을 탐구하는 작품에 등장합니다. 이러한 텍스트는 이성적이고 통제된 요소와 열정적이고 혼란스러운 요소를 대조하여 니체의 인간 본성에 대한 이원론적 관점을 보여줍니다.

현대 미술에 미친 영향

현대 미술은 문학과 마찬가지로 니체 철학에 깊은 영향을 받았습니다. 위버멘쉬 개념은 기존의 미학과 사회적 규범에 도전하는 예술 작품에서 분명하게 드러납니다.

예를 들어 20세기 초의 다다(Dada)와 초현실주의 운동은 니체적 위버멘쉬를 구현한 것으로 볼 수 있습니다. 마르셀 뒤샹이나 살바도르 달리 같은 예술가들은 전통적인 예술적 기준을 거부하고 자신만의 미적 가치를 창조했습니다.

니체의 권력에의 의지는 잭슨 폴록이나 마크 로스코와 같은 예술가들이 자발적이고 활기차며 때로는 혼란스러운 예술적 표현을 통해 창의력을 발휘하고자 했던 추상 표현주의 운동에 반영되어 있습니다. 이들의 작품은 니체 철학을 반영하듯 캔버스를 통제하고 지배하려는 욕망을 보여줍니다.

영원 회귀라는 주제는 수학적으로 영감을 받은 마우리츠 코트넬리스 에셔(Maurits Cornelis Escher)의 작품처럼 반복적이거나 주기적인 패턴을 묘사한 예술 작품에 나타납니다. 이 작품들은 인생의 끝

▲M.C. 에셔(Maurits Cornelis Esher)의 그림35)

없는 반복과 순환에 대한 니체의 사상을 상징합니다.

아폴론-디오니소스 이분법은 예술가들이 구조와 혼돈, 이성과 감성의 균형을 맞춘 모더니즘 운동에서 나타납니다. 기하학적이고 질서정연한 요소와 혼란스럽고 감정적인 요소를 나란히 배치한 피에트 몬드리안과 바실리 칸딘스키의 작품에서 이를 확인할 수 있습니다.

니체가 20세기 프랑스 철학에 미친 영향은?

니체는 특히 20세기 프랑스 철학에 지대한 영향을 미쳤으며, 장 폴 사르트르, 메를로 퐁티, 알베르 카뮈, 미셸 푸코, 자크 데리다, 질 들뢰즈 등 다양한 지식인과 철학자들의 사상을 형성했습니다.

그의 영향은 20세기 프랑스의 두 가지 주요 철학 사조인 실존주의와 포스트구조주의에서 가장 두드러집니다. 신의 죽음, 권력에의 의지, 영원 회귀, 위버멘쉬(超人)에 대한 니체의 사상은 프랑스 철학 사상에 공감을 불러일으키고 도전 정신을 주며 풍요롭게 만들었습니다.

전통적인 도덕에 대한 비판, 삶에 대한 긍정, 개인의 창조적 힘에 대한 강조를 특징으로 하는 니체 철학은 당시의 지배적인 철학적, 도덕적 패러다임에 대한 급진적인 대안을 제시했습니다. 니체의 사상은 계몽주의, 합리주의의 헤게모니에 대한 반란이었으며, 원근법을 수용하고 진리를 단순한 환상에 불과하다는 비판은 이전 철학 전통의 독단적인 확신에 강력한 반론을 제기했습니다.

니체가 프랑스 철학에 미친 영향 중에 가장 중요한 것은 실존주의,

특히 장 폴 사르트르와 알베르 카뮈의 사상이었을 것입니다.

니체의 '신의 죽음'에 대한 개념과 전통적인 도덕적 가치에 대한 비판은 신이 없는 우주에서 삶의 무의미함에 대한 실존주의자들의 우려에 공감을 불러일으켰습니다. 특히 사르트르는 니체가 강조한 창조적이고 자기 결정적인 개인에 영향을 받았는데, 이는 개인이 기존의 범주나 가치에 의해 정의되는 것이 아니라 스스로 삶의 의미를 창조해야 한다는 "실존은 본질에 앞선다"는 그의 실존주의 개념에서 확인할 수 있습니다.

이 개념은 개인이 스스로 가치를 창조하는 우월한 인간, 즉 위버멘쉬가 되어야 한다는 니체의 요청을 명확하게 반영합니다.

니체의 영향은 알베르 카뮈의 사상에서도 찾아볼 수 있는데, 카뮈는 니체가 강조한 삶의 비극적 본질과 고통과 죽음에 직면한 개인이 삶을 긍정해야 할 필요성에 깊은 영향을 받았습니다. 의미에 대한 인간의 욕망과 무관심한 우주 사이의 근본적인 불일치인 카뮈의 '부조리' 개념은 '신의 죽음'에 대한 니체의 생각과 그로 인해 내재된 무의미함에도 불구하고 개인이 삶을 긍정해야 한다는 니체의 생각을 반영합니다.

그러나 니체의 영향력은 실존주의에만 국한되지 않았습니다. 그는 전통적인 철학적, 언어적 구조를 해체하려는 운동인 포스트구조주의의 발전에도 큰 영향을 미쳤습니다. 니체가 '진리'를 단순한 환상에 불과하다고 비판하고, 다양한 관점을 강조하고, 언어의 창조적 힘을 주장한 것은 모두 우연적이고 구성적인 의미의 본질에 대한 포스트구조주의적 관심에 공감을 불러일으켰습니다.

포스트구조주의의 핵심 인물인 미셸 푸코는 니체의 사상에 깊은 영향을 받았습니다. 푸코의 권력 비판, 지식의 구성적 성격에 대한 강조, 사회적 현실을 형성하는 담론의 역할에 대한 분석에는 모두 니체 사상의 흔적이 남아 있습니다.

특히 권력과 지식이 밀접하게 연결되어 있고 지식이 권력의 한 형태라는 푸코의 '권력/지식' 개념은 모든 인간의 행동과 신념이 권력에 대한 욕망에 의해 동기 부여된다는 니체의 '권력에의 의지' 개념을 반영하고 있습니다.

니체는 질 들뢰즈와 자크 데리다 같은 프랑스 철학자들에게도 영향을 미쳤습니다. 들뢰즈는 니체의 전통적인 형이상학에 대한 비판과 존재보다 됨에 대한 강조에 영향을 받았고, 데리다는 언어와 의미에 대한 해체적 접근 방식에서 니체의 '진리' 비판과 관점의 다양성에 대한 강조에 영향을 받았습니다.

니체는 어떻게 위버멘쉬의 도덕성을 선택합니까?

니체의 위버멘쉬라는 개념은 그의 철학에서 가장 영향력 있고 논쟁의 여지가 많은 사상 중 하나입니다. 위버멘쉬는 종종 개인이 추구해야 할 이상향으로 오해되기도 합니다. 그러나 이 개념은 그보다 더 미묘한 의미를 지니고 있으며, 니체의 도덕성 비판과 가치의 재평가를 촉구하는 데 핵심적인 역할을 합니다.

니체의 위버멘쉬 개념과 도덕과의 관계를 이해하려면 전통적 도덕에 대한 니체의 비판을 이해하는 것이 필수입니다. 니체는 당시의 유대-기독교적 도덕을 거부했는데, 그는 이 도덕이 군중심리를 조장하고 삶을 부정하는 것으로 보았습니다. 그는 온유, 겸손, 동정심을 중시하는 반면에 권력, 교만, 힘을 폄하하는 '노예도덕'을 비판했습니다.

니체는 이것이 자연스럽고 생명을 긍정하는 가치를 왜곡하여 고통을 미화하고 생명을 부정하는 결과를 초래한다고 보았습니다.

니체는 이러한 '노예도덕'을 보다 자연스럽고 생명을 긍정하는 가치관을 가지고 있다고 믿었던 귀족 지배 집단과 연관된 '주인도덕'과 대조합니다. 주인도덕은 권력, 고귀함, 용기, 진실성을 중시합니다. 니체는 이 도덕이 삶에 내재된 권력 역학을 부정하려 하지 않기 때문에 더 자연스럽고 삶을 긍정하는 도덕이라고 생각했습니다.

이러한 맥락에서 위버멘쉬는 노예도덕과 주인도덕의 한계를 극복하고 자신만의 가치를 창조하는 새로운 유형의 인간에 대한 비전으로 등장합니다. 니체는 〈차라투스트라는 이렇게 말했다〉에서 예언자 자라투스트라가 "인간은 극복해야 할 존재다."라고 선언하는 대목에서 위버멘쉬를 소개했습니다. 위버멘쉬는 우리가 알고 있는 인간을 뛰어넘는 존재입니다.

위버멘쉬는 기존의 선과 악이라는 도덕적 범주에 얽매이지 않습니다. 대신 삶을 긍정하는 태도를 바탕으로 자신만의 가치를 창조합니다. 위버멘쉬의 도덕성은 고정된 규범이 아니라 창조적인 행위입니다. 니체는 "살아야 할 이유가 있는 사람은 거의 모든 방법을 견딜 수 있다."고 썼습니다. 위버멘쉬의 '이유'는 새로운 가치를 창조하는 것입니다.

니체의 위버멘쉬는 전통적인 의미의 도덕적 이상이 아니라는 점을 강조하는 것이 중요합니다. 위버멘쉬는 도덕적 규범에 의해 인도되는 것이 아니라 삶과 힘을 긍정하는 자신만의 가치를 창조합니다.

니체는 개인이 위버멘쉬가 되기 위해 노력할 수 있다고 믿었지만, 이 과정에 대한 명확한 경로나 기준을 제시하지는 않았습니다. 대신 그는 자기 극복, 권력에의 의지, 모든 가치에 대한 재평가의 필요성을 강조했습니다.

니체에게 있어 위버멘쉬의 도덕성은 개인의 권력에의 의지를 반영하는 것입니다. 권력에의 의지는 단순히 타인을 지배하거나 통제하려는 욕망이 아니라 자기 극복, 창의성, 삶의 긍정을 위한 원동력입니다. 위버멘쉬는 이러한 권력에의 의지를 가장 높은 수준으로 구현하며, 그들의 도덕성은 독특하고 창의적인 권력의지의 표현입니다.

결론적으로 니체의 위버멘쉬는 전통적 도덕의 한계를 극복하고 스스로 삶을 긍정하는 가치를 창조하는 새로운 종류의 인간에 대한 비전입니다. 위버멘쉬의 도덕성은 고정된 규범이 아니라 창조적인 행위이고, 니체가 삶의 근본적인 원동력으로 여겼던 권력에의 개인의 의지를 반영한 것입니다.

위버멘쉬의 개념은 우리에게 물려받은 도덕적 가치에 의문을 제기하고 자기 극복과 자신만의 가치 창조를 위해 노력하라고 지시합니다.

니체의 '권력에의 의지'는 정치적으로 볼 수 있습니까?

니체의 '권력에의 의지'라는 개념은 그의 저작에서 가장 자주 논의되는 주제 중 하나로, 종종 다양한 렌즈를 통해 해석되는데 그 중 하나가 정치적인 것입니다. 니체의 '권력에의 의지'를 정치적 구성물로 이해할 수 있는 가능성을 살펴봅시다.

먼저 니체의 '권력에의 의지'에 대한 개념을 명확히 해보겠습니다.

니체는 이 개념을 공식적으로 정의한 적이 없지만, 그의 작품에서 반복되는 주제로 등장합니다. 권력에의 의지는 모든 생명체가 본질적으로 생존뿐만 아니라 지배, 권력, 영향력 범위의 확장을 위해 노력한다는 것을 의미합니다. 니체에 따르면 권력에의 의지는 모든 행동과 심지어 사고 자체의 근간이 되는 근본적인 원동력입니다.

니체 자신은 정치 질서에 대한 청사진을 제시하는 데 관심이 없었습니다. 그는 건강한 사회를 만드는 가장 좋은 방법은 개인이 권력에의 의지를 자유롭게 표현할 수 있도록 하는 것이라고 믿었습니다. 그는 개인의 창의성을 억압하는 억압적인 힘으로 여겼던 전통적인 도덕과 국가 모두에 대해 비판적이었습니다.

니체가 제시한 '권력에의 의지'는 인간, 동물, 식물 등 모든 생명체에 존재하는 근본적인 원동력입니다. 니체는 모든 존재가 자신의 힘을 발휘하고, 잠재력을 실현하고, 환경에 대한 지배력을 확보하려는 타고난 욕구에 의해 동기를 부여받는다고 주장했습니다.

정치는 종종 이러한 권력에의 의지의 표현으로 볼 수 있습니다. 지도자들은 통제권을 차지하기 위해 경쟁하고, 국가는 지배력을 확보하기 위해 노력하며, 작은 규모일지라도 사람들은 종종 어떤 형태의 권력이나 영향력을 얻기 위해 정치적 책략에 관여합니다. 이러한 해석은 권력 투쟁과 지배력 추구가 주요 원동력이라는 다소 암울하지만 틀림없이 현실적인 정치에 대한 관점을 제공할 수 있습니다.

일반적으로 권력에의 의지는 거버넌스의 이상으로 해석될 수 있습니다. 이는 가장 유능하거나 강하다는 의미에서 가장 강력한 자가 통치해야 하는 통치 형태를 의미합니다. 그러나 니체 자신이 반드시 이러한 유형의 정치 체제를 옹호한 것은 아니라는 점에 유의하는 것이 중요합니다. 그의 '위버멘쉬'는 반드시 정치적 권력을 가진 사람이 아니라 높은 수준의 개인적 발전과 자기 통달을 이룬 개인을 의미했습니다.

또한, 권력에의 의지가 반드시 파괴적이거나 억압적일 필요는 없다는 점을 고려하는 것이 중요합니다. 자기 개선, 자기 숙달, 개인적 발전을 위한 추진력으로도 이해할 수 있습니다. 이는 특히 개인의 번영을 더 강조한 니체의 후기 저작에서 잘 드러납니다.

니체의 사상은 다양한 방식으로 해석되고 사용되어 왔으며 종종 해석에 상당한 차이가 있다는 점을 기억하는 것이 중요합니다. 니체 자신은 당대에 존재했던 권력 체계에 대해 상당히 비판적이었으며, '권력에의 의지'를 억압적인 정치 체제에 대한 정당화로 단순하게 해석하는 것을 지지했을 것 같지는 않습니다.

그러나 권력에의 의지에 대한 이러한 정치적 해석에 이견이 없는 것은 아닙니다. 니체를 연구해온 많은 학자들은 니체의 사상을 권력 정치나 사회적 다윈주의에 대한 조잡한 지지로 읽는 것은 실수라고 주장합니다.

니체의 철학적 프로젝트는 주로 개인의 자기 극복과 가치의 재평가에 관한 것이었습니다. 이러한 관점에서 볼 때 권력에의 의지는 타인을 지배하는 것이 아니라 자신의 한계에 맞서 싸우고 삶을 긍정하는 새로운 가치를 창조하는 개인의 투쟁에 관한 것입니다.

또한, 나치와 같은 정치 운동에서 니체의 사상을 차용하는 것은 그의 철학을 잘못 해석하거나 오용하는 것으로 널리 비판받아 왔습니다. 니체 자신도 민족주의, 반유대주의, 대중 정치에 대한 비판을 고려할 때 이러한 응용에 대해 경악했을 것입니다.

결론적으로, 니체의 권력에의 의지는 실제로 정치적 개념으로 볼 수 있지만 상당한 주의가 필요합니다. 권력 투쟁으로써의 정치의 본질에 대한 통찰력을 제공하고 민주적이고 평등주의적인 가치에 대한 비판을 제공할 수 있습니다. 그러나 니체 철학은 주로 개인의 자기 극복과 새로운 가치의 창조에 관한 것임을 기억하는 것이 중요합니다. 권력에의 의지의 정치적 함의는 중요하지만, 그보다 더 광범위한 철학적 의미를 가려서는 안 됩니다.

오늘날 니체가 인기 있는 이유는 무엇입니까?

니체는 현대 철학 담론에서 여전히 저명한 인물로 남아 있습니다. 21세기에 들어서도 니체의 사상은 지속적인 인기를 누리고 있습니다. 다양한 사상가와 운동에 의해 그의 작품이 채택되고 해석되는 방식에 이르기까지 다양한 반응을 일으키며 재해석되고 있습니다.

니체의 지속적인 인기를 이해하려면 그의 철학적 공헌과 현대 문화와의 공명, 그리고 그의 작품이 다양하게 재전유되는 과정을 살펴봐야 합니다.

니체 철학은 복잡하고 다면적인데, 기존 가치에 대한 철저한 회의와 개인의 의지와 창의성을 긍정하는 것이 특징입니다. 그는 '권력에의 의지', '영원 회귀', '위버멘쉬' 등 독특하고 사고를 자극하는 개념을 개발하여 기존의 통념에 도전하고 실존주의와 포스트모더니즘의 토대를 세웠습니다. 도덕, 특히 기독교 도덕을 생명을 부정하는 힘으로 비판하고 신은 죽었다고 하는 그의 주장은 그의 작품에서 가장 논란이 많고 널리 논의되는 부분 중 하나입니다.

니체가 지속적으로 사랑받는 첫째 이유는 니체 사상의 지속적인 관련성 때문입니다. 도덕과 진리에 대한 니체의 비판은 도덕적 상대주의와 기존 제도에 대한 회의로 점철된 시대에 큰 반향을 불러일으켰습니다. 전통적인 종교적 권위의 쇠퇴를 상징하는 "신은 죽었다"는 그의 주장은 현대 사회의 세속화를 반영합니다.

또한, 니체가 강조한 '권력에의 의지'와 인간의 한계를 초월하여 자신만의 가치를 창조하는 '위버멘쉬'는 현대 문화의 개인주의적 정신을 의미합니다.

니체 철학은 현대인의 실존적 불안과 의미 추구라는 문제에도 공감을 불러일으킵니다. 삶은 끝없는 반복의 순환이라는 그의 '영원 회귀' 개념은 기술적으로 진보된 소비의 사회에서 무의미함과 반복에 대한 현대인의 두려움을 대변합니다. 비극과 혼돈 속에서도 삶을 긍정하고 자신만의 가치와 의미를 창조하라는 니체의 요청은 실존적 전망에 대한 강력한 해독제를 제공합니다.

둘째는 그의 아포리즘적인 문체와 강력하고 시적인 산문 때문일 수 있습니다. 니체의 작품은 전문가가 아닌 독자도 쉽게 접근할 수 있으며, 그의 기억에 남는 격언과 은유는 대중문화에 스며들었습니다. "나를 죽이지 못하는 것이 나를 더 강하게 만든다"와 같은 그의 도발적인 발언은 동기 부여 연설에서 팝송 가사에 이르기까지 다양한 맥락에서 널리 인용되고 응용되었습니다.

하지만 니체의 인기는 단순히 그의 사상이나 문학적 재능에 내재된 매력 때문만은 아닙니다. 다양한 사조와 사상가들에 의해 그의 작품이 해석되고 채택된 방식도 중요한 역할을 합니다.

니체는 허무주의자, 실존주의자, 포스트모더니즘의 선구자, 심지어 원시 나치 등으로 다양하게 묘사되어 왔지만, 후자의 해석은 널리 불신받고 있습니다. 그의 작품은 무정부주의에서 파시즘, 무신론에서 새로운 형태의 영성에 이르기까지 다양하고 때로는 모순적인 이데올로기를 지지하는 데 사용되었습니다. 이러한 해석은 니체의 사상을 왜곡하는 경우가 많지만, 그의 작품을 대중의 눈에 띄게 하고 지속적인 관련성을 보장해 왔습니다.

이러한 해석의 다양성은 니체 사상의 풍부함과 모호함을 반영하며, 이는 쉬운 분류를 거부하고 새로운 독서에 계속 영감을 줍니다. 니체의 작품은 다양한 문화와 개인이 각자의 불안, 희망, 열망을 반영하는 거울 역할을 합니다.

니체의 주제와 개념은 철학에서 문학, 심리학, 문화 연구에 이르기까지 다양한 학문 분야에 필수적인 요소입니다. 그의 작품은 대학 커리큘럼의 필수 과목이며, 그의 사상은 계속해서 학문적 논쟁에 영감을 불어넣고 새로운 연구를 창출하고 있습니다.

또한, 니체의 삶과 철학의 논쟁적인 측면은 그의 매력을 더합니다. 고독과 질병, 광기로 점철된 그의 삶은 낭만적인 매력을 지니고 있습니다.

부록

니체 어록과 해설

1.

"Without music, life would be a mistake."

"음악이 없다면 인생은 실수일 것이다."

-우상의 황혼

'음악이 없는 인생은 실수'라는 니체의 문장은 음악이 인간의 삶에 미치는, 형언할 수 없는 감정을 불러일으키는 심오한 영향력을 강조합니다. 그는 음악이 이성적 사고와 언어의 한계를 뛰어넘는 소통의 수단으로써 인간의 깊은 감정과 소통한다고 믿었습니다. 음악은 삶에 의미와 깊이를 부여하는 힘을 가지고 있으며, 음악이 없는 삶은 본질적인 무언가가 결여되어 있다고 합니다.

음악은 말로 표현하기 어려운 깊고 복잡한 감정을 표현할 수 있는 능력을 가지고 있으며, 이는 인간 경험의 근본적인 측면인 이해, 공감, 연결감을 개인에게 제공합니다. 음악이 제공하는 정서적 깊이와 표현이 없다면 삶에는 아름다움, 영감, 초월 같은 중요한 원천이 없을 것입니다.

2.

"It is not a lack of love, but a lack of friendship that makes unhappy marriages."

"결혼 생활을 불행하게 하는 것은 사랑의 부족이 아니라 우정의 부족이다."

– 인간적인, 너무도 인간적인

니체는 불행한 결혼 생활의 원인이 사랑의 결핍이 아니라 우정의 결핍에 있다고 주장합니다. 니체는 사랑도 중요하지만, 더 강한 우정과 동반자 관계가 성공적인 결혼 생활의 핵심이라고 보았습니다.

사랑은 열정과 낭만적인 측면인 반면, 우정은 더 깊은 이해, 상호 존중, 공유된 가치, 동반자 관계를 포함합니다. 현대 의학에서는 사랑을 호르몬의 기능으로 정의하지만, 니체의 직관은 이미 사랑을 포착했습니다.

'허니문 단계'가 지나고 나면 남는 것은 깊은 우정이며, 그래야 결혼은 지속될 수 있음을 강조합니다. 따라서 가장 강한 결혼은 배우자가 친한 친구이기도 한 결혼이며, 이는 현대 연구 결과와도 일치합니다.

3.

"That which does not kill us makes us stronger."

"우리를 죽이지 못하는 것이 우리를 더 강하게 만든다."

– 우상의 황혼

이 격언은 어려움과 도전 속에서 성장하고 발전할 수 있는 능력을 강조합니다. 이 문구는 모든 경험을 받아들이고 포용하는 '운명애(運命愛)'를 뜻합니다. 그리고 때때로 실패하거나 실망하더라도 어려움을 겪고 극복하면 그 과정을 통해 성장하고 회복탄력성을 키울 수 있다는 점을 강조합니다. 어려운 시기를 겪을 때마다 우리는 극복하고, 배우고, 성장하면서 더 강해지고 삶에 대한 더 많은 통찰력을 얻을 수 있습니다. 그러나 이는 모든 어려움이 강함으로 이어지는 것은 아니며, 고난 속에서 의미와 성장을 찾는 것은 개인의 책임이라는 것입니다. 즉, 어려운 상황에서도 참고 견디는 것이 중요하며 힘으로 극복하는 것이 중요하다는 메시지입니다.

4.

"I'm not upset that you lied to me, I'm upset that from now on I can't believe you."

"나는 당신이 내게 거짓말을 해서 화가 난 것이 아니라 지금부터 당신을 믿을 수 없어서 화가 난다."

– 선악을 넘어서

우리는 일상생활에서 이러한 상황을 자주 접합니다. 이러한 상황에서 신뢰가 훼손되면 다른 사람과의 관계를 유지하기가 어려워질 수 있습니다. 신뢰는 대인 관계의 기본 구성 요소이며, 한 번 깨지면 다시 회복하기 어려울 수 있습니다.

　이 문장에서 니체는 진실, 기만, 타인에 대한 믿음 상실이라는 주제를 탐구하며 거짓말로 인한 신뢰의 침식이 실제 문제임을 강조합니다. 니체는 우리가 실제로 아는 것이 아니라 믿는 것에 따라 행동한다고 주장했습니다. 이는 그가 '진리'라는 개념을 신중하게 다루었다는 것을 의미합니다.

　이런 관점에서 보면 이 문장은 행위 자체보다는 거짓말로 인해 믿음이 파괴된 것에 대한 분노를 표현한 것으로 볼 수 있습니다. 이는 니체의 '진리에 대한 의심' 또는 '진리에 대한 불신'이라는 주제에 부합할 수 있습니다.

5.

　"And those who were seen dancing were thought to be insane by those who could not hear the music."

　"음악을 듣지 못하는 사람들은 춤을 추는 사람들을 미쳤다고 생각한다."

– 프리드리히 니체

　이 문장은 음악을 듣지 못하는 사람들이 춤추는 사람을 미쳤다고 생각하는 것을 비유한 말입니다. 이는 세상을 다르게 인식하거나 독특한 관점을 가진 사람들이 다른 사람들에게 오해를 받을 수 있음을 암시합니다. 여기서 '음악'은 열정이나 동기를, '춤'은 자기표현의 한 형태를 나타냅니다. '음악을 들을 수 있는 사람'은 더 깊은 의미를 이해할 수 있는 능력이 있는 반면, '음악을 듣지 못하는 사람'은 그러한 행동을 이해할 수 있는 통찰력이나 이해력이 부족합니다.

출처: 참고로 니체가 자신의 작품이나 편지에서 이 단어를 사용했다는 증거는 없습니다. 니체가 "나는 오직 춤출 수 있는 신만을 믿겠다."라고 쓴 〈차라투스트라는 이렇게 말했다〉의 한 구절에서 영감을 받은 것 같습니다. 1927년 런던의 〈더 타임스〉 신문에 실린 "춤을 추는 사람은 음악을 듣지 않는 사람에게는 미친 사람으로 간주된다."는 기사를 각색하여 고친 것으로 보입니다.

6.

"Whoever fights monsters should see to it that in the process he does not become a monster. And if you gaze long enough into an abyss, the abyss will gaze back into you."

"괴물과 싸우는 사람은 그 과정에서 자신이 괴물이 되지 않도록 조심해야 한다. 심연을 오래 응시하고 있으면 심연 또한 당신을 응시할 것이다."

- 선악을 넘어서

니체는 악과 싸우는 과정에서 자신을 잃어서는 안 되며, 부정적인 것에 너무 몰두하면 악이 자신을 지배할 수 있다고 말했습니다. 이 말은 자신의 행동과 생각에 대한 자각의 중요성과 악과 부정적인 감정에 맞서면서 인간성을 유지하는 것이 중요하다는 것을 강조합니다.

첫 번째 부분인 "괴물과 싸우는 사람은 그 과정에서 자신이 괴물이 되지 않도록 조심해야 한다"는 말은 악과의 싸움에 참여하는 것은 없애고 싶은 바로 그 특성을 채택할 위험을 수반한다는 것을 암시합니다. 예를 들어, 악과 싸우는 사람이 폭력을 사용한다면 그 사람은 결국 악에 지나지 않을 수 있습니다.

두 번째 부분인 "심연을 오래 응시하고 있으면 심연 또한 당신을 응시할 것이다"는 어둠, 부정 또는 공허에 대한 강렬한 탐구가 자신의 일부가 될 수 있음을 암시하는 것으로 해석되기도 합니다. 예를 들어, 자살에 대해 오랫동안 생각하는 사람은 결국 자살을 택할 수 있습니다.

이 인용문은 악과 싸울 때 자신을 잃을 위험에 대해 경계하고 어둠과 부정성을 탐구할 때 그 영향에 대해 경계해야 할 필요성을 강조합니다.

7.

"There is always some madness in love. But there is also always some reason in madness."

"사랑에는 항상 광기가 있다. 하지만 광기 속에는 항상 이유가 있다."

– 차라투스트라는 이렇게 말했다

사랑에 빠지면 평소라면 하지 않았을 일을 하게 되고, 비논리적으로 보이는 결정을 내리기도 하며, 심지어 본분에 어긋나는 행동을 하기도 합니다. 하지만 니체는 이러한 광기에도 방법이 있다고 말합니다. 비합리성 속에 이성이 숨어 있다는 것입니다. 여기에는 번식에 대한 생물학적 욕구, 동반자에 대한 정서적 욕구, 검증과 인정에 대한 심리적 욕구 등이 포함됩니다. 니체는 이를 '광기 속의 이성'이라고 불렀습니다.

니체는 우리에게 이러한 이중성을 인정하라고 권유합니다. 가장 열정적이고 비이성적으로 보이는 순간에도 아무리 가려져 있어도 어느 정도의 이성은 존재한다는 사실을 상기시켜 줍니다. 사랑을 복잡하고 흥미진진하며 궁극적으로 인간적인 경험으로 만드는 것은 바로 이러한 광기와 이성 사이의 균형과 상호 작용입니다.

8.

"You must have chaos within you to give birth to a dancing star."

"춤추는 별을 낳으려면 내면에 혼돈이 있어야 한다."

– 차라투스트라는 이렇게 말했다

니체의 철학은 종종 기존의 사고에 도전하고, 인간의 조건을 탐구하며, 개인의 성장과 자기 극복을 옹호합니다. 이 문장은 존재에 내재된 혼돈을 받아들일 때 잠재력을 개발할 수 있고 놀라운 무언가가 나타날 수 있다는 그의 신념을 반영합니다.

니체는 작품에서 은유, 우화, 격언을 자주 사용했는데, 이 문장도 예외는 아닙니다. 여기서 '혼돈'은 생각, 관념, 감정, 갈등으로 가득 찬 소란스러운 마음 상태로 이해될 수 있습니다. 반면에 '춤추는 별'은 이러한 혼돈에서 나오는 독특하고 창의적인 결과물이나 깨달음을 나타낼 수 있습니다.

니체의 다른 많은 글과 마찬가지로 이 문장 역시 다양한 방식으로 해석될 수 있으며, 각자의 관점과 경험에 따라 다른 방식으로 이해될 수 있습니다.

9.

"You have your way. I have my way. As for the right way, the correct way, and the only way, it does not exist."

"당신은 당신만의 방식이 있습니다. 저도 제 방식이 있습니다. 옳은 길, 올바른 길, 유일한 길은 존재하지 않습니다."

- 적 그리스도

니체는 전통적인 도덕 체계와 절대 진리 개념에 대해 비판적이었습니다. 그는 도덕적 가치는 주관적이며 사람마다, 문화마다, 시대마다 다르다고 믿었습니다. 니체 철학은 미리 정해진 기준이나 사회적 규범을 따르기보다는 개인의 자유와 개인의 진정성 추구가 중요하다고 강조했습니다.

니체에 따르면 삶이나 사고에 있어 단 하나의 '올바른' 방법은 존재하지 않습니다. 그는 진리와 도덕은 절대적인 것이 아니라 개인의 관점과 문화적 맥락에 의해 영향을 받는다고 주장했습니다. 이러한 견해는 절대주의와 독단주의에 반대되는 니체의 개성과 상대주의 관점을 표현합니다.

니체의 사상은 철학, 문학, 심리학, 정치 이론 등 현대 사상의 여러 측면에 큰 영향을 미쳤습니다. 그의 작품은 많은 해석에 열려 있으며 그의 철학은 다양한 지적 운동 및 이데올로기와 관련이 있다는 점은 주목할 가치가 있습니다. 그의 철학은 개인의 자유와 진정성의 중요성을 강조하며, 이는 많은 분야에 영향을 미쳤습니다.

10.

"Sometimes people don't want to hear the truth because they don't want their illusions destroyed."

"때때로 사람들은 자신의 환상이 파괴되는 것을 원하지 않기 때문에 진실을 듣고 싶어 하지 않는다."

– 즐거운 지식

때때로 사람들은 자신의 꿈이 깨질까 봐 진실을 듣고 싶어 하지 않습니다. 자신의 신념에 도전하는 진실은 불편하거나 불안할 수 있기 때문입니다. 환상은 희망이나 안정감을 제공함으로써 삶의 어려움을 완화하는 역할을 합니다. 하지만 진실에 직면하면 이러한 환상은 쉽게 산산조각 나기 때문에 사람들은 취약해지거나 환멸을 느낄 수 있습니다.

니체는 환상에 대한 이러한 선호가 자기 인식과 성장을 방해할 수 있다고 주장합니다. 니체는 개인의 성장과 진정한 자기 인식으로 이어지는 진실을 직시하고 받아들이는 것이 중요하다고 강조했습니다. 니체에게 있어 이것은 자기 정복과 진정한 자기 인식의 중요한 부분입니다.

11.

"He who has a why to live for can bear almost any how."

"살아야 할 이유가 있는 사람은 거의 모든 상황을 견딜 수 있다."

– 우상의 황혼

니체의 잘 알려진 심오한 명언입니다. 니체의 삶과 도덕, 인간 조건에 대한 철학을 탐구한 그의 저서 〈우상의 황혼〉에 나오는 말입니다. 삶의 의미 있는 목적이나 이유를 가진 사람은 어려운 상황에서도 힘과 회복력을 갖게 된다는 의미입니다.

니체는 개인이 목적을 찾고 포용하는 것이 삶을 더욱 의미 있게 만들고 어려움을 극복하는 데 도움이 된다고 믿었습니다. 우리가 살아가야 할 강력한 이유와 삶의 의미가 있을 때, 아무리 어려운 상황에서도 인내하고 극복할 수 있는 힘을 찾을 수 있다는 의미입니다.

이 명언은 홀로코스트 생존자이자 정신과 의사인 빅토르 프랭클의 저서 〈인간의 의미 찾기〉에 인용되면서 널리 알려졌습니다.

12.

"In heaven, all the interesting people are missing."

"천국에는 흥미로운 사람들이 모두 사라졌다."

– 우상의 황혼

이 말은 천국과 같은 전통적인 종교적 내세에 대한 니체의 회의론을 반영하고 있습니다.

니체는 천국을 영원한 행복과 축복의 완벽한 장소로 보지 않았습니다. 오히려 천국은 지상의 삶보다 덜 흥미롭고 무의미한 곳이라고 생각했습니다. 그는 천국에서는 지상 생활의 모든 고난과 고통을 잊고 평화롭게 살지만, 그 과정에서 개성과 독창성을 잃는다고 주장했습니다.

니체는 인생의 목표는 천국에 가는 것이 아니라 지상에서의 삶에서 자신의 잠재력을 최대한 실현하는 것이라고 말했습니다. 그는 지상 생활의 모든 고난과 고통을 통해서만 진정한 자아를 찾을 수 있다고 믿었습니다. 이것은 천국에 대한 전통적인 개념이 지상의 현실과 삶의 성취를 방해한다는 것을 의미합니다.

13.

"There are no facts, only interpretations."

"사실이란 없고 해석만 있을 뿐이다."

– 니체의 노트(1886년 여름~1887년 가을)

니체의 『관점주의에 관한 노트』에 나오는 문장으로, 모든 지식은 주관적인 관점과 해석에 기초한다는 니체의 관점주의를 나타낸 글입니다.

이 문장은 "사실이란 없으며 모든 것은 주관적인 해석에 달려 있다."는 니체의 견해를 표현한 것입니다. 니체는 세상에 대한 우리의 이해는 객관적이고 보편적인 진리가 아니라 주관적인 해석에 기초한다고 말합니다. 그는 과학적 사실조차도 궁극적으로는 관찰자의 가치관에 영향을 받으며, 우리가 인식하는 '사실'은 우리의 해석일 뿐이라고 주장합니다.

예를 들어 누군가가 "하늘은 파랗다."라고 말하면 객관적인 사실처럼 보일 수 있습니다. 그러나 하늘이 파랗게 보이는 것은 햇빛의 산란 효과 때문입니다. 따라서 하늘이 파랗다는 것은 객관적인 사실이 아니라 관찰자의 관점에 따라 달라지는 주관적인 해석에 불과합니다.

이 생각은 전통적인 진리와 도덕에 대한 의문을 제기했으며, 우리가 지식을 형성하고 현실을 이해하는 방식에 대한 중요한 관점론적 논의를 촉발시켰습니다.

니체의 관점주의는 우리에게 세상을 바라보는 새로운 시각을 제공합니다. 우리는 세상을 있는 그대로 볼 수 없다는 것을 깨닫고, 우리의 관점이 인식을 왜곡할 수 있음을 인정해야 합니다.

14.

"The man of knowledge must be able not only to love his enemies but also to hate his friends."

"깨우친 인간이라면 적을 사랑해야 할 뿐 아니라 친구를 미워할 줄도 알아야 한다."

- 이 사람을 보라

니체는 진정한 지식의 추구자는 적을 이해하고 받아들일 수 있어야 하며, 반대로 친구에 대해서도 비판적일 수 있어야 한다고 주장했습니다. 이는 안전지대에 안주하지 않고 지적으로 성장하기 위해 다양한 관점의 가치를 인정하고 주변 사람들의 생각에 도전하는 것을 의미합니다. 이러한 태도를 통해 지식인은 세상을 더 깊이 이해하고 사회적 규범과 개인적 편견을 넘어 보다 포괄적인 관점을 계발할 수 있습니다.

니체의 말은 현대인에게 많은 시사점을 줍니다. 우리는 닫힌 마음을 버리고 다양한 관점을 존중하며 열린 마음으로 세상을 바라봐야 합니다. 그래야만 진정한 지식을 얻고 더 나은 삶을 살 수 있습니다.

15.

"When we are tired, we are attacked by ideas we conquered long ago."

"우리가 지칠 때, 우리는 오래 전에 정복한 관념의 공격을 받는다."

- 즐거운 지식

니체는 인간의 조건과 인간 존재에 내재된 많은 역설에 대한 탐구로 유명한 철학자였습니다.

니체의 이 인용문은 "우리가 지치면 과거에 극복했던 생각들이 다시 돌아와 우리를 괴롭힐 수 있다."로 해석할 수 있습니다. 육체적, 정신적, 감정적으로 지칠 때 이전에 극복했던 사고방식이나 신념이 다시 돌아와 우리를 괴롭힐 수 있다는 의미입니다.

활기차고 현재에 충실할 때 우리는 성장을 지속하고 건강한 습관을 유지할 수 있지만, 피곤할 때는 부정적인 생각이나 습관에 맞서 싸우기가 더 어렵습니다. 니체는 종종 개인 의지의 힘과 중요성, 사회적 한계와 내적 한계에 맞서는 투쟁을 강조했습니다.

이 문장은 자기 관리의 중요성과 개인의 성장과 발전에 필요한 끊임없는 경계를 상기시켜 줍니다.

16.

"We should consider every day lost on which we have not danced at least once. And we should call every truth false which was not accompanied by at least one laugh."

"우리는 적어도 한 번도 춤을 추지 않은 날을 잃어버린 날이라고 생각해야 한다. 그리고 적어도 한 번의 웃음이 수반되지 않은 모든 진실을 거짓이라고 불러야 한다."

– 차라투스트라는 이렇게 말했다

이 문장은 인생에서 기쁨과 자유를 찾는 것의 가치를 강조합니다. 니체는 삶의 모든 측면을 포용하는 것이 중요하다고 강조하며 춤을 기쁨, 자유, 자기표현의 은유로 사용했습니다.

니체가 말하는 '춤'은 말 그대로 기쁨의 원천이자 표현의 한 형태이며, 감정과 느낌의 신체적 표현이 될 수 있습니다. 또한 다른 사람 또는 자신과 소통하는 방법이자 삶을 축하하는 방법이 될 수도 있습니다.

매일 은유적으로 '춤'을 추나요?

니체는 완전한 삶이란 모든 형태의 춤으로 가득 찬 삶이라고 말했는데, 그렇지 않다면 우리는 그날들을 '잃어버리고' 있는 것일지도 모릅니다. 춤과 웃음을 통해 자기표현의 기회를 포착하고 삶의 아름다움과 해방을 경험하며 하루하루를 살아가야 한다는 메시지입니다.

인생은 목표를 달성하는 것만이 아니라 현재의 순간을 즐기고 여정 자체를 축하하는 것임을 일깨워 줍니다.

17.

"I cannot believe in a God who wants to be praised all the time."

"나는 항상 칭찬받기를 원하는 신을 믿을 수 없다."

– 이 사람을 보라

니체는 신에 대한 전통적인 종교적 개념을 비판한 것으로 유명합니다. 그는 신은 끊임없이 칭찬받기를 원하는 나르시시즘적 존재라고 주장했습니다. 또한 니체는 신은 절대적인 진리가 아니라 인간의 욕망과 두려움의 산물이며, 이러한 신은 인간의 발명품에 지나지 않는다고 주장했습니다. 니체는 기독교의 '신'을 인간의 나약함을 투영한 것으로 보고 이러한 종교적 또는 사회적 규범으로부터 독립하여 자신만의 가치를 창조할 수 있는 사람인 '초인(Übermensch)'의 개념을 제안했습니다. 니체의 사상은 그의 전반적인 철학적 틀 안에서 이해되어야 하며, 그의 작품은 다양한 해석의 대상이 되어 왔습니다.

18.

"The snake which cannot cast its skin has to die. As well the minds which are prevented from changing their opinions; they cease to be mind."

"허물을 벗지 못하는 뱀은 죽는다. 생각을 바꾸지 못하는 정신도 마찬가지다."

－ 아침놀

이 문장은 뱀이 허물을 벗고 성장하는 능력을 인간의 생각과 신념을 바꿀 수 있는 능력에 비유합니다. 뱀이 성장하고 생존하기 위해 자연스럽게 허물을 벗어야 하는 것처럼 인간도 자신의 생각과 신념을 바꾸는 데 열려 있어야 한다는 것을 설명합니다.

뱀이 허물을 벗지 않으면 죽을 위험이 있는 것처럼, 인간도 새로운 지식과 경험에 개방적이지 않고 고정관념에 갇혀 있으면 성장할 수 없습니다. 이 비유는 변화와 성장의 필요성에 대한 니체의 주장을 잘 설명하고 있습니다.

니체는 고정된 생각은 개인의 성장을 저해하며, 활기찬 마음이란 변화를 받아들이고 자신의 신념을 재평가하는 데 열려 있는 마음이라고 믿었습니다. 이는 인간의 삶에서 적응력과 성장의 필요성을 강조하기 위한 은유입니다. 니체는 끊임없는 자기 극복의 가치를 자주 강조했는데, 이 은유에는 그 정신이 담겨 있습니다.

19.

"In individuals, insanity is rare; but in groups, parties, nations and epochs, it is the rule."

"개인에게 광기는 드물지만 집단, 정당, 국가, 시대에서는 광기가 규칙이다."

– 선악을 넘어서

이 문장은 집단의 역학관계가 때때로 집단의 광기나 비합리성을 초래할 수 있다는 점을 지적합니다. 개인은 일반적으로 추론하고 논리적으로 사고하며 개인적인 판단에 따라 결정을 내릴 수 있지만, 집단에 속해 있을 때는 집단의 규범이나 이념에 따라 집단적으로 행동하는 경우가 많습니다. 이를 '집단사고'라고 하며 비합리적이거나 위험한 결정으로 이어질 수 있습니다.

역사는 말이 안 되는 것처럼 보이는 특정 태도, 신념 또는 규범으로 점철되어 왔습니다. 예를 들어, 한때 인간 희생, 마녀재판, 인종 우월주의를 믿었던 사회는 오늘날에는 모두 말도 안 되는 것처럼 보입니다. 현대에도 인류는 나치의 광기, 전쟁의 폭력, 모든 종류의 포퓰리즘의 선동과 집단적 비합리성을 경험했습니다. 따라서 니체의 문장은 우리의 행동과 신념이 집단과 시간에 따라 어떻게 변할 수 있는지에 대한 비판이자 개인의 비판적 사고의 중요성에 대한 강조이기도 합니다.

20.

"No one can construct for you the bridge upon which precisely you must cross the stream of life, no one but you yourself alone."

"인생의 강을 건너야 하는 다리는 그 누구도 대신 만들어 줄 수 없다. 오직 나 자신만이 그것을 만들 수 있다."

– 반시대적 고찰

니체는 개인의 주체성과 자기 결정의 중요성을 강조합니다. 이 격언은 자기 극복, 자립, 개인주의라는 니체의 핵심 사상을 말합니다. 다리는 우리 각자가 인생의 흐름을 헤쳐 나가기 위해 구성하는 개인적인 도구, 선택, 철학을 상징합니다. 인생의 여정은 나만이 할 수 있고 다른 누구도 대신해 줄 수 없는 것이므로, 각자가 도전과 선택을 통해 자신만의 경험을 만들어야 합니다.

각자는 자신만의 가치를 개발하고, 자신만의 의미를 찾고, 자신만의 선택을 통해 인생의 흐름을 건너기 위해 자신만의 다리를 만들어야 합니다. 나만의 다리를 놓는다는 의미는 자기 극복, 자립, 개인의 정체성, 자기 결정의 중요성을 강조합니다.

다른 사람에게 의존하여 자신의 길을 안내하거나 구조화하는 것은 개인으로서의 성장과 발전을 저해할 수 있다고 말합니다. 개인이 삶의 의미를 찾기 위해서는 스스로를 이끌어야 하며, 그 과정에서 도전과 어려움을 극복하는 것이 중요하다는 메시지입니다.

니체의 사상은 자기 인식, 의사 결정, 책임감, 용기가 개인의 성장과 발전의 핵심 요소임을 강조합니다. 니체의 작품은 종종 자신의 삶을 형성하는 데 있어 의시, 개인주의, 개인적 책임의 역할을 강조하는데, 이 문장이 좋은 예가 될 수 있습니다.